● 湖北省高等学校省级教学研究项目（2021064）
● 中央高校基本科研业务费资助（2022WKFZZX002）

GUANLIXUELEI KECHENG SIZHENG ANLI
JIAOXUE SHEJI YU DAOYIN

管理学类课程思政案例
教学设计与导引

杨　治　胡艳华◎主　编
刘智强　周二华　丁秀好◎副主编

经济管理出版社
ECONOMY & MANAGEMENT PUBLISHING HOUSE

图书在版编目（CIP）数据

管理学类课程思政案例教学设计与导引/杨治，胡艳华主编 . —北京：经济管理出版社，2023. 11

ISBN 978-7-5096-9130-4

Ⅰ.①管⋯　Ⅱ.①杨⋯ ②胡⋯　Ⅲ.①高等学校—思想政治教育—教学研究—中国　Ⅳ.①G641

中国国家版本馆 CIP 数据核字（2023）第 127252 号

组稿编辑：申桂萍
责任编辑：申桂萍
助理编辑：张　艺
责任印制：张莉琼
责任校对：王淑卿

出版发行：经济管理出版社
　　　　　（北京市海淀区北蜂窝 8 号中雅大厦 A 座 11 层　100038）
网　　　址：www. E-mp. com. cn
电　　　话：（010）51915602
印　　　刷：唐山昊达印刷有限公司
经　　　销：新华书店
开　　　本：720mm×1000mm/16
印　　　张：15. 75
字　　　数：318 千字
版　　　次：2023 年 11 月第 1 版　　2023 年 11 月第 1 次印刷
书　　　号：ISBN 978-7-5096-9130-4
定　　　价：88. 00 元

前　言

　　管理学科系统研究人类社会管理活动的各种现象及其基本规律，是对人类长期管理活动规律的总结和升华，培养引领管理理论和实践发展的高级专门人才。作为我国高等教育的重要组成部分，管理学科培养了一大批德才兼备的管理人才，在我国的经济建设中特别是在改革开放后举世瞩目的经济建设成就中，发挥了重要作用。

　　我国波澜壮阔的经济建设仍在如火如荼地推进着，企业管理、政府管理和社会管理等领域面临新的机遇和挑战，特别是在强化管理学科教育的社会主义价值观引领、立足中国管理实践、解决中国管理问题等方面需要承担起更大的责任。

　　习近平总书记围绕"培养社会主义建设者和接班人"的一系列重要论述，深刻回答了"培养什么人、怎样培养人、为谁培养人"这一根本性问题。习近平总书记强调要将立德树人作为教育的核心环节，"大学对青年成长成才发挥着重要作用，高校只有抓住培养社会主义建设者和接班人这个根本才能办好，才能办出中国特色世界一流大学"。因此，我国管理学科人才培养要把立德树人的成效作为检验人才培养工作的根本标准，同时也是管理学科人才培养的根本遵循，进一步强化课程思政建设，将育人和育才有机融合，为社会主义建设培养优秀管理人才和接班人。

一、管理学科人才培养成就

　　1. 从 1949 年中华人民共和国成立到 1978 年党的十一届三中全会：探索奠基阶段

　　中华人民共和国成立后，我国将工作重点转移到经济建设上来，借鉴苏联企业管理经验，自主探索和建立社会主义企业管理模式，运筹学和经济核算等相关论著开始出现，而且涌现出了以"鞍钢宪法"和《工业七十条》为代表的从实践中总结的管理思想和工具。1961 年，中国科学院经济研究所联合相关大专院校编写了《中国社会主义国营工业企业管理》，成为中国社会主义企业管理学的奠基之作，随之许多企业管理教材出版，管理人才培养逐渐规范化。管理实践经验在全国范围内推广学习，管理学人才奔赴经济建设战场，推动了企业发展。

2. 从 1978 年党的十一届三中全会到 1992 年党的十四届三中全会：转型发展阶段

党的十一届三中全会以后，我国经济体制从计划经济向市场经济转型，管理学科学习的重点从苏联转向美国、日本等发达国家。

中华人民共和国机械工业部 1978 年将全面质量管理从美国、日本引入中国，并举办第一个"质量月"活动。1979 年，中美政府签署了培训中国管理人才的合作协定书，"中国工业科技管理大连培训中心"成为改革开放后首个引进国外现代管理教育的办学机构，培养了一大批企业管理研究和实践人才；中华人民共和国国家经济贸易委员会举办企业管理培训干部培训班；一些大学和研究机构开始恢复管理学教育，培养本科和研究生管理人才。1990 年，MBA 教育获得国务院学位委员会批准，9 所大学开始试办 MBA。1992 年 11 月，管理学被列为一级学科。

在这一历史时期，国有企业改革持续推进，企业所有权和经营权适当分开，承包经营责任制全面推广，经营管理人才得到全面重视。国家部委等开设的培训班、大学和研究机构恢复的管理学教育，为企业培养了一大批管理人才，推动了国有企业的改革与发展。

这一时期也是中国现代公司萌芽和迅速发展的阶段，民营企业家开启了商业之路，缔造了企业的辉煌。例如，张瑞敏始终重视管理知识的学习、应用和创造，1985 年"砸冰箱"吹响了提高品质质量的号角，为海尔赢得信誉和宝贵的发展机会。

管理学知识的传播帮助政府和企业管理人员更新观念、完善知识结构，管理学科知识培训和学历教育培养了一大批政府管理和企业管理急需的高级专门人才，为这一时期的经济发展做出了重要贡献。

3. 从 1992 年党的十四届三中全会到 2012 年党的十八大：蓬勃发展阶段

1997 年管理学科被升格为门类；2000 年 9 月，中国工程院组建工程管理学部；2002 年 8 月，国务院学位委员会批准开展 EMBA 教育。国内管理学教育大规模学习和传播西方管理理论，大量引进欧美国家的管理类教材，派出大量高校教师出国学习研修，邀请海外学者、教授到国内讲学，国内管理学教育的学科体系更加完善，教学水平不断提高，管理学教育呈现欣欣向荣的景象。

这一时期，我国国有企业明确了建立现代企业制度的改革方向。1995 年，国务院选定了 100 户国有大中型企业进行现代企业制度试点，建立了企业法人财产制度，公司法人治理结构初步形成，经营情况得到大幅改善。试点结束后，我国开始全面推进国有企业现代企业制度建设。

在这一时期，民营企业家具有更好的教育背景，经济发展和科技进步为企业家提供了更好的经营环境。以 IT 行业为例，他们尽管仍采取模仿+创新的模式，但打造了世界级的企业。而且，职业经理人开始走上舞台，他们具有良好的教育背景，具备高超的管理素质和能力，更加凸显了管理学教育的价值和意义。

管理学科人才培养体系不断完善，培养规模不断扩大，培养的人才不仅在国有企业改革等重大工程中发挥关键作用，而且奔赴经济建设的方方面面，我国的经济管理水平显著提升。

4. 2012 年党的十八大以来：创新突破阶段

党的十八大以来，我国管理学学科体系基本完善，运行机制已经建立，管理学教育进入创新突破阶段。

管理学科教育质量不断攀升。以"双一流"建设为牵引，创建一流学科和一流课程，提升师资教学能力，保障人才培养质量。管理学科教育理论结合实践的水平不断提高，以创新创业教育为例，全国高校聘请 17.4 万名行业优秀人才担任创新创业专职教师，创办"互联网+"大学生创新创业大赛，不仅中国大学生踊跃报名，而且吸引 5 大洲 120 多个国家和地区的大学生参赛。

在我国管理学科研究与教育水平不断提高，部分领域达到或接近国际前沿水平的同时，我国管理学科的研究和教育开始反思，认为我国管理学研究和教育与我国管理实践的结合还不够紧密，甚至存在脱节的问题，将国外的理论和方法应用到国内管理实践需要改造和创新；价值引领不够强大，人才培养中重视专业技能的培养，思想素质的打造相对弱化。特别是在习近平总书记提出"四个面向"和"立德树人"的重要论述后，管理学科的研究工作开始强调中国情境因素，探索建立中国特色管理理论；管理学科的教育加强了思政课程和课程思政的建设，将育人作为检验管理学人才培养成败的标准。

党的十八大召开以来，国有企业混合所有制改革拉开序幕，坚持和完善国有资本、集体资本、非公有资本等交叉持股、相互融合的混合所有制经济，发挥国有资本功能放大、保值增值、竞争力提高的作用。国有企业不断总结和推广先进的管理实践经验，包括党的建设和现代企业制度相结合，党管干部与发挥市场机制的作用相结合，探索混合所有制企业员工持股，增强企业内部监督和外部监督等。体制机制创新释放了国有企业活力，载人空间站、航空母舰、高铁、北斗卫星系统、特高压输电等大国重器为国家安全、经济繁荣和社会进步提供了保障。

在这一时期，我国民营经济发展迅猛。国家发展改革委数据显示，2012～2022 年，我国民营企业从 1085 万户增长到 4457 万户，占企业总量超九成，而且涌现出了华为、大疆等世界一流企业，在稳增长、促创新、保就业等方面发挥了重要作用。

我国企业的快速发展是技术创新和管理创新共同推动的。管理学科人才培养包括脱产本硕博教育、在职 MBA、EMBA 等学历教育和在职培训教育，为我国企业通过"管理创新"驱动企业发展提供了基础和支撑，使企业发展的双轮彼此协同，推动了企业的成长与发展。

二、企业管理学科教育要担负起更大责任

我国已经走过了 70 多年的辉煌里程，经济建设取得了巨大成就，中国的管理学科教育在这个波澜壮阔的历史进程中做出了贡献，顺应历史趋势不断发展和完善。随着我国经济建设进入新阶段，国际经济形式发生了巨大变化，我国经济社会发展对管理学科教育提出新的挑战，管理学科教育需要承担起更大的责任。

第一，我国管理学科教育要体现制度自信。管理学科知识的实践应用需要建立在特定社会制度、价值体系和意识形态的基础上。面对我国经济建设取得的令世人瞩目的伟大成就，我国管理学科教学和科研人员要进一步深刻研究中国特色社会主义制度在我国经济建设中的作用，不仅对西方管理学知识和理论进行发展和改进，而且要基于中国特色社会主义制度形成的新问题、新发现发展管理学理论和知识，形成中国特色社会主义经济条件下的中国管理理论。在此基础上，我国管理学科教育将创造和改进的知识传授给学生，将中国特色企业案例、企业家典型、大国工匠等鲜活的例子展示给学生，知识适用性更强，培养的管理学科人才能在中国管理实践中发挥更大的作用。

第二，管理学科教育要扎根中国管理实践。我国管理学教育要面向经济主战场、面向国家重大需求。管理学科是实践性很强的学科，我国的管理学科教育要以支持国家经济建设为使命，深刻理解经济建设中面临的痛点和难点问题，贡献新理论、新工具、新方法、新制度等，与科技创新一起"双轮"驱动经济发展。管理目标影响因素众多，影响机制复杂，我国管理学科教育要加强本土化，分析我国管理学科实践的背景、特点和规律，解决中国管理实践的实际问题。

第三，管理学科教育要理解中国政策环境。政策法律环境为社会经济系统的运行制定规则，因此，管理学科教育要在政策法律的解读方面承担更大的责任，从提高经济社会运行效率和促进公平的角度，阐述我国政策法律制定的背景、逻辑和目标。例如，在我国经济转型的关键时期，我国制定并出台了知识产权国家战略、创新驱动发展战略、"碳达峰碳中和"战略等，战略制定的背景是我国需要突破中等收入陷进并实现绿色可持续发展，战略制定的逻辑是资源基础理论，通过刺激和鼓励创新，创造知识资源并从事高附加值、绿色低碳的经济活动，战

略制定的目标是向微笑曲线两端价值链跨越，实现经济发展、社会进步和人民幸福。因此，管理学科教育要将政策法律解读作为人才培养的重要环节，增强培养人才的政策认识水平，提升培养人才的政策认同。

第四，管理学科教育要重视在传统文化中追本溯源。中国传统文化源远流长，蕴含着丰富的管理智慧。先秦诸子百家的学说是重要的管理思想发源地，儒家以"仁"为核心，强调基于人性的管理；道家重视规律的认识和把握，认为遵循规律则事半功倍；法家则认可制度的价值，致力于规则建设和流程梳理；《孙子兵法》探索军事对抗的战略战术，被认为是最早的战略管理学的著作。这些文化瑰宝在中国历史长河中不断发展进化，内化为中华民族的价值观，形成行为规范。我国成长起来的世界级企业往往是吸收了中国传统文化中管理智慧的杰出代表，如华为的全员持股和自力更生、自主创新；海尔的张瑞敏认为，《老子》帮助其确立企业经营发展的大局势，《孟子》培训其威武不能屈、贫贱不能移、勇于进取、刚健有为的浩然正气，《孙子》帮助其形成具体的管理方法和企业竞争谋略。管理学科教育将中国传统文化融合进来，才能更好地理解中国管理问题并指导中国管理实践。

第五，管理学科教育要重视职业道德教育。管理学科主要研究经济系统的运行规律，涵盖人、财、物的管理，培养人才的工作具有较强的敏感性和诱惑性。例如，财务会计等岗位从事资金等管理工作，人力资源管理等岗位涉及人员招聘和人员管理等，物流管理等岗位负责采购和供应商管理，市场营销等岗位负责营销策划和客户管理，工作内容敏感，而且容易受到内外部组织和个人的影响，易误入歧途。因此，对于管理学科人才要加强职业道德的培养，将遵纪守法作为底线，增强责任意识和奉献精神。

三、课程思政案例让专业教育和思政教育水乳交融

先进的科学技术和高效的管理活动是推动经济社会系统发展的两个轮子，两者缺一不可。管理学科需要不断创造新知识、新工具和新方法，更要通过知识传授、能力培养和价值塑造培养管理学高级专门人才。实践是检验真理的唯一标准，案例为管理学科应用管理学知识、检验管理学知识、提升管理能力提供了绝佳工具和场景。

（1）管理学科案例教学，为管理学科教育提供了生动的素材，为师生施展管理学科本领提供了场地。管理学科案例展现了丰富的背景信息，了解案例发生的时代背景、制度特色、价值传统、政策法律等，学生不仅能了解抽象的理论内容，而且能根据案例背景信息分析理论适用条件，增加了对管理学科知识的理解深度。

（2）管理学科案例教学，告别了空洞的说教，情境再现增加了感性认识，为师生架起了对话的桥梁。管理学科案例来源于实践，问题具体又贴近生活，学生能结合自己掌握的管理学科知识和经历提出自己的观点和主张，与老师碰撞思想的火花，将知识从单项输出变为双向交流。

（3）思政让管理学科案例教学有了生命。管理学科案例中融入的思政元素，引导学生理解管理实践不仅有客观的数字和规律，而且包含有温度的情感。从具有"家国情怀"的企业家，到爱岗敬业、甘于奉献的企业管理者、科技工作者，再到普通劳动者，一个个鲜活的人物能够唤起学生的共鸣。课程思政管理学科案例能够在传授管理学科专业课程知识的同时，充分融合进思想层面的精神文化引导，让学生审视和完善自己的人生观、价值观和世界观。

四、华中科技大学管理学院课程思政案例建设与探索

华中科技大学管理学院组建于 1979 年，经历了由最初的工程经济系、管理工程系、经济管理学院、工商管理学院到管理学院的发展历程。

学院拥有一支深谙世界先进管理理念、熟悉中国企业发展经验的优秀师资队伍，还聘请了一百余名学术造诣深厚、经验丰富的专家学者、业界精英，担任管理学院的顾问教授、兼职教授或业界导师。

学院拥有雄厚的科研实力，有管理科学与工程、工商管理 2 个一级学科博士学位授权点及博士后科研流动站，先后承担国家、省（部）级和企业合作的研究课题 1700 多项（创新研究群体项目 1 项、国家杰出青年科学基金项目 1 项、优秀青年科学基金项目 3 项、国家自然科学基金重点/重点国际（地区）合作研究项目 16 项、国家社会科学基金重大项目 4 项），发表 SCI/SSCI 检索论文 635 篇（UT DALLAS 论文 34 篇），通过 AMBA 和 AACSB 国际认证。

学院将人才培养作为各项活动的核心，搭建了"精英意识、全球视野、实践能力、人文素养"四个教育平台提升学生的竞争力。40 多年来，管理学院已培养各类学生 3 万余人，在"创青春"全国大学生创业大赛、"挑战杯"中国大学生创业计划竞赛、全国大学生物流设计大赛等各类竞赛中连续多年获国家级金、银奖多项，毕业生备受欢迎，超过 50%的学生在海外名校或国内顶尖大学继续深造，就业单位高度认可学生的素质和能力。

在习近平总书记提出强化思政教育后，华中科技大学管理学院以课程思政建设为核心，打造两个"良师"团队。一方面邀请有教学经验的良师做引航者，引导青年教师结合专业特点，将核心价值观有机、有效融入课堂；另一方面帮助教师成为学生成长的引航良师，强化教学方案设计，把立德树人嵌入课堂教学的各个环节，实施"四有好老师"评选。在此过程中，课程思政案例建设成为华

中科技大学管理学院课程思政建设的亮点和特色，将价值塑造、知识传授和能力培养融为一体，受到学生们的欢迎。为此，华中科技大学管理学院将优秀课程思政案例汇编出版，供本学科和其他学科的教师、同学参考，为管理学科课程思政建设贡献一份力量。

杨　治　胡艳华
2023 年 9 月

目　录

1 不打无准备之仗：海康威视如何应对美国制裁

——企业战略管理课程思政教育教学典型案例

杨 治

1.1 课程的基本信息

1.1.1 课程简介

企业战略管理是从全局和长远的角度研究企业持续竞争优势的源泉，探讨企业生存与发展的动因与本质，企业的战略管理是决定企业经营成败的关键，在现代企业管理中处于核心地位。企业战略管理是现代管理学的一门基础课程，面向工商管理、市场营销等专业。该课程主要介绍企业战略管理的基本理论和方法，结合现实的企业战略管理案例，系统讲授战略管理的基本理论和方法，包含战略理论、战略分析、战略选择以及战略实施四大核心内容，旨在培养具备战略管理思维、掌握良好的战略管理理论知识和方法的高素质管理人才。

1.1.2 课程内容

企业战略管理课程内容如图1-1所示。

1.1.3 课程目标

（1）知识目标和能力目标。通过本课程的学习，要求学生理解战略管理概念、方法、过程和分析手段；能够站在全球化视角利用所获取的企业外部环境信息和内部环境信息，分析与辨别企业面临的机会与威胁、企业相对于竞争对手的优势与劣势；利用所学战略管理知识和方法识别关键战略管理问题，制定战略规划，评估权衡备选方案，提出合适的企业发展战略建议，并将全球化、社会责任和道德规范整合到战略规划过程中。

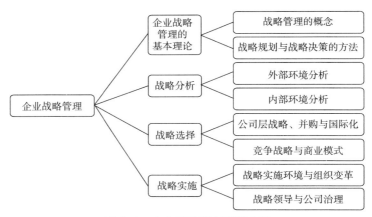

图 1-1 企业战略管理课程内容

（2）思政目标。高举中国特色社会主义伟大旗帜，坚持社会主义办学方向，落实立德树人根本任务；通过本课程的学习，将"四个自信"融入课堂；引导学生自觉弘扬和践行社会主义核心价值观，坚定社会主义道路的决心和意志。

1.1.4 授课对象

工商管理、市场营销专业本科生。

1.1.5 使用教材

黄旭．战略管理：思维与要径［M］．北京：机械工业出版社，2007.

1.1.6 课程课时

32 学时。

1.2 示例章节信息

1.2.1 教学章节

第三章：外部环境分析。

1.2.2 教学内容

（1）案例阅读与思考。海康威视的突围。

（2）案例讨论与讲解。引导学生对案例问题展开讨论并记录小组发言，挖掘案例中的专业知识。

（3）知识讲解——外部环境分析。

介绍 S-C-P 的分析范式。

介绍波特五力模型。波特五力模型主要用于产业竞争环境分析，从五个方面分析了行业竞争的机会或威胁：①供应商议价能力；②购买者议价能力；③行业内竞争；④潜在进入者威胁；⑤替代品威胁。

（4）课堂总结。本节内容答疑与小结。

1.2.3 教学目标

（1）知识目标。理解企业外部环境变化对企业经营的影响；掌握五力模型的框架，学会通过行业结构特征分析行业潜在利润来源；了解影响不同结构特征的因素，学会通过外部环境分析，鉴别企业存在的机会与威胁。

（2）能力目标。从宏观抽象的信息中提炼关键信息点；学会用战略管理的思维分析环境变化带来的影响；了解 5G、物联网的应用场景。

（3）思政目标。进一步坚定"四个自信"；理解党的十九届五中全会提出的"双循环"格局；强化学生在不确定性环境下进行战略决策时应具有的职业道德和社会责任感。

1.2.4 教学课时

2 课时。

1.3 案例介绍

不打无准备之仗：海康威视如何应对美国制裁①

1.3.1 美国的霸权与海康威视的顽强反抗

海康威视创立于 2001 年，是全球最大的安防监控产品供应商，在智能安防、

———————————

① https://zhuanlan.zhihu.com/p/348461397.

警务、交通监控等关键应用领域，凭借扎实的技术积累和产品创新，一路披荆斩棘，成为行业翘楚。海康威视的"三剑客"：董事长陈宗年、总裁胡杨忠以及海康威视天使投资人龚虹嘉都是华中科技大学的校友，在我国资本市场堪称传奇和佳话。

海康威视从创业最初的 28 人到如今规模超过 3 万人，公司始终坚持技术创新，不断挑战自己。从最初的视频监控后端卡板及 DVR 产品业务，到 2006 年涉足 VCA 视频内容分析从而进入安防前端业务，海康威视从未放弃过技术创新。也正是因为对技术的执着和深厚积累，海康威视面对突如其来的外部威胁，从容不迫地完成了华丽的转身。

2019 年 10 月 8 日，美国商务部工业与安全局将包括海康威视在内的 28 家中国企业和组织列入"实体清单"，禁止清单中的组织从美国或其他国家进口美国原产的商品、技术或软件。市场一片担忧，担心"卡脖子"的芯片和技术会严重影响海康威视的发展，导致海康威视从此一蹶不振。虽然海康威视承受着美国政府的打压，但营业收入在 2020 年却呈现出逐季改善的趋势，2020 年四个季度营业收入分别为 94.29 亿元、148.42 亿元、177.50 亿元、214.82 亿元，与 2019 年同期同比分别增长-5.16%、6.16%、11.53%、20.56%。是什么原因使海康威视能够抵御美国政府的这种霸权行径，突破"卡脖子"芯片和技术的封锁，而逆势上涨的呢？

海康威视对美国的"实体清单"曾公开回应：公司产品大多为自主研发，对美国技术的依赖度非常低。甚至在 2020 年受新冠肺炎疫情的巨大影响下，海康威视的业务仍然在迅速增加。2020 年海康威视以 77 亿美元（653.03 亿元）的营业收入数据稳居全球第一。在 2020 年财务报告中，海康威视表示"我们看到人工智能技术落地速度的加快，看到了大数据技术应用兴起带来的市场机会，看到了多探测器技术整合带来的市场机会，看到了最终用户对智慧城市、企业数字化转型、物联网认知提高带来的机会"。

1.3.2 海康威视敢于反抗霸权的底气

2022 年 9 月，海康威视总裁胡杨忠回到母校华中科技大学，与母校学子谈起海康威视的创业历程时曾说道："海康（威视）这些年做了很重要的一个工作，就是技术创新，海康只赚技术创新的钱。我们把很多工作都在技术上打了提前量。"海康威视 2003 年研究 ISP 图像信号处理技术，2006 年做 VCA 视频内容分析，2007 年推出国内第一款数字聚焦的机芯，2013 年布局深度学习，2015 年推出基于深度学习的结构化服务器，海康威视一直在不断探索新的技术领域，并不断通过技术创新开辟新的赛道。而海康威视能够从容应对美国打压，正是得益于其从硬件市场向软硬件结合赛道的转换。随着软件产值占比持续提升，海康威视的营利能力不断增强，深耕安防，开拓创新。

海康威视增长的红利同样也离不开国内城镇化的迅猛发展。一大批政府工程如"平安城市""雪亮工程"使安防行业进入了高速发展的快车道。根据《中国安防行业"十四五"发展规划（2021—2025 年）》，我国安防行业在"十三五"时期年均增长率达到 10% 以上，2020 年安防行业总产值达到 7950 亿元，是 2010年 2400 亿元的 3.3 倍。在行业总产值中，视频监控占比 55%，达到 4372 亿元，是 2010 年 242 亿元的 18 倍，这也成为海康威视最大的增长红利。

1.3.3 海康威视勇于反抗霸权的对策

必须要承认的是，美国实体清单对海康威视的影响是存在的，"卡脖子"的芯片对安防产业链有重要的影响，视频监控系统的前端、中台、后端设备都离不开相关芯片的支撑。海康威视积极应对不利因素的挑战。

在关键核心芯片供应上，海康威视加速了供应链中美国芯片的替代。海康威视的天使投资人龚虹嘉同为安防芯片国内龙头企业上海富瀚微电子股份有限公司的天使投资人。资料显示，2017~2020 年，海康威视从富瀚微处采购材料、接受劳务的交易金额分别为 2.19 亿元、2.68 亿元、3.67 亿元和 2.44 亿元。而 2021年，海康威视从富瀚微的采购金额达到了 10.36 亿元，占富瀚微当年营业收入的 60%。

此外，海康威视将精力更多地放在 AI 机器视觉算法方面。海康威视开发的机器视觉 VM 算法平台，封装了千余种自主研发的图像处理算子，形成了强大的视觉分析工具库，高精度定位工具可实现 1/10 像素定位精度，基于深度学习的 OCR 工具无需对字符进行分割，直接实现端到端识别。通过 AI 赋能，海康威视建立起"软硬融合＋云边融合＋物信融合＋数智融合＋生态赋能"的核心优势。通过软件赋能，海康威视从硬件过渡到软硬结合，统一了企业内部的软件平台、智能感知平台和设备接入框架，从而实现软硬件产品互联互通。同时，海康威视不断拓展云端业务，实现感知（云边融合）、认知（物信融合）、决策（数智融合）端智能，实现全领域覆盖的人工智能。在大力发展软件业务的同时，海康威视着力建设生态圈，以开放的设备、开放的平台、互联互通的大数据，构建应用生态圈。

1.4 案例使用说明

1.4.1 案例价值

（1）专业元素：外部环境分析。通过引导学生对海康威视的外部环境变化进行分析，从而帮助学生理解企业外部环境变化对企业经营的影响，明确战略管理必须首先考虑企业所处的行业环境。由海康威视的案例引入外部环境分析的方法，基于五力模型的框架，从供应商、客户、行业内竞争者、进入壁垒、替代品五个方面分析行业竞争的机会和威胁，通过行业结构特征分析行业潜在利润来源。

（2）思政元素。坚定"四个自信"，更深刻地理解"双循环"的背景和意义。通过上述案例可以看出，海康威视之所以能够顽强反抗美国霸权，无惧美方打压，根本原因在于国内经济高速发展与不断扩大的市场规模带来的底气。坚定"四个自信"，即中国特色社会主义道路自信、理论自信、制度自信、文化自信，进一步为企业赋予了接受各种挑战的勇气。同时，可以促进学生更深刻地理解"双循环"和"创新驱动"的背景和意义。

1.4.2 教学安排

（1）课前准备。课前发放教学案例：海康威视的突围，同时针对案例提出相关的思考问题，学生需要提前阅读案例材料并思考案例问题，为课堂讨论做准备。思考问题如下：

1）外部环境发生了什么变化？

2）哪些变化对海康威视而言是至关重要的？

3）海康威视可以利用哪些因素扭转不利局面？

4）海康威视为什么能够屹立不倒？

（2）课上小组讨论和展示。为了调动课堂氛围、充分提高学生的参与度，课程采用启发式教学的方法，以学生为中心进行小组讨论和展示。将全班分为四个小组，每个小组对应一个问题，小组内先进行讨论并总结观点。先请一位同学概要地描述案例，然后请四个小组分别就对应的思考问题发言，提出本组成员的思考和见解。同时，其他同学可以进行提问并展开讨论，从而加深对案例问题的思考。

（3）知识讲解——外部环境分析。在发言记录的过程中，逐步引入本次课程的主要知识点：S-C-P 的分析范式和波特五力模型。

1）S-C-P 的分析范式的介绍。S-C-P 的分析范式代表了从产业经济学演化而来的外部环境分析方法。S 代表行业结构（Structure），C 代表企业行为（Conduct），P 代表企业绩效（Performance）。其基本逻辑是企业的外部行业结构决定了企业的基本利润水平，企业行为需要服从行业结构，从而带来超额回报。因此，战略管理必须首先考虑企业所处的行业环境。

2）波特五力模型的介绍。外部环境分析的重点在介绍波特五力模型。波特五力模型主要用于产业竞争环境分析，从供应商议价能力、行业竞争程度、替代品、潜在进入者的进入障碍、购买者议价能力五个方面分析行业竞争的机会和威胁（见图 1-2）。重点讲授波特五力模型的各个部分，帮助学生归类分析的框架，具体包括：

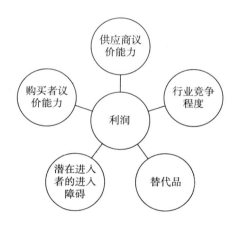

图 1-2　波特五力模型

①供应商议价能力。主要从以下几个方面进行分析：零部件对最终产品的重要程度、替代的供应商（包括产品差异性、品牌认同度、客户转移成本）、供应商的集中度、供应量、前向一体化的能力、买方信息不对称程度等。

②购买者议价能力。主要从以下几个方面进行分析：零部件对最终产品的重要程度、替代的供应商（包括产品差异性、品牌认同度、客户转移成本）、购买者的集中度、购买量、后向一体化的能力、买方信息不对称程度等。

③行业竞争程度。主要从以下几个方面进行分析：行业集中程度、行业成长性、退出障碍、对手的坚持度、产品差异性（包括品牌认同度、客户转移成本）、沉没成本等。

④潜在进入者的进入障碍。主要从以下几个方面进行分析：现有生产商的成本优势（规模及范围经济）、客户转移成本、资本要求、除规模外的优势（包括学习曲线、地理位置、品牌、必要生产要素的获得、营销渠道的获得等）、行业现有竞争者的预期反应、政府政策等。

⑤替代品。主要从替代品的性价比和客户转移成本方面进行分析。

（4）课堂总结。总结本次课所讲授的内容，回顾重点及核心知识。基于本节课所教授的知识再对海康威视的案例进行分析，并引导学生探讨海康威视突围中"四个自信"及"双循环"的体现和重要性。使学生在对专业知识掌握的基础上坚定"四个自信"，并且更深刻地理解"双循环"和"创新驱动"的背景和意义，进一步培育和引导学生践行社会主义核心价值观。同时，布置课后任务：结合所学内容对浏阳烟花爆竹公司的外部环境进行分析并作出投资决定。

1.5 特色和创新点

（1）通过实际案例分析战略决策场景下的问题，进行基础知识框架的构建，同时有针对性地挖掘知识点背后蕴含的思政教育资源。选择典型的案例作为导入案例，创新与课程思政理念相融合的教学方法，巧妙地将思政要素和价值观念教育融入多样化的课程教学中，让学生在专业知识的学习过程中深入思考我国为什么能够创造经济奇迹，还要面对怎样的挑战，作为社会主义事业的建设者和接班人，我们应该有怎样的担当，从而潜移默化地实现知识教授与价值引领相统一的教育目标。

（2）综合运用多种教学手段，突出以学生为中心，用启发式教学方法激发学生在思考中自己得出结论。综合运用案例教学法、启发式教学法、情景教学法、小组学习法、思辨式讨论、翻转课堂等多种方法，通过"课前案例阅读与思考—课上分组案例讨论与汇报—由案例讨论引出专业知识—基于专业知识对案例进行再分析"的教学安排，最大限度地调动学生的学习积极性和主动性，引导学生在讨论中思考，在交流中学习，从而更有效地掌握和应用所学的专业知识。

1.6 效果体现

（1）专业知识的掌握。通过案例的讨论，学生梳理出五大行业结构要素，并清晰地分析各要素变化如何影响行业利润水平，从而更清楚地了解企业面对的外部机会和威胁可能的来源，分析与辨别企业面临的机会和威胁、企业相对竞争对手的优势和劣势，掌握波特五力模型的外部环境分析方法，对相关专业知识有了更直观和感性的认识。

（2）政治素养的提高。通过将海康威视的案例融入到企业外部环境分析的教学中，使学生坚定了"四个自信"，更深刻地理解了"双循环"的背景和意义，更加培养了科技自立自强的勇气和决心。

（3）综合能力的提升。通过对课程的学习可以提升学生在全球化环境下进行战略思维和系统性思考企业长期发展问题的能力；能够运用战略分析、战略选择和战略实施的方法与工具，为企业制定战略规划；小组作业与汇报的形式可以有效锻炼学生的书面写作能力和口头沟通能力，通过战略规划分析与展示和书面报告学习团队合作技能。

2　果果绿：数字赋能平台企业助力共同富裕的制度创业之旅

——创业营销课程思政教育教学典型案例

戴　鑫

2.1　课程的基本信息

2.1.1　课程简介

"大众创业、万众创新"已成为全民共识，无数涌动的资本和激情的个体在这个创业时代得以升华，但也带来创业浪潮背后风险投资市场的博弈和变化。基于这样的大背景，《创业营销》应运而生。本课程基于多年教学和实践研究结果，汲取营销学、创业学等多门学科理论精华，吸收创业案例资料、创业者经验与感悟，坚持实践导向，总结提出创业营销的范式，努力做到融会贯通。

2.1.2　课程内容

本课程的主要内容包括：

（1）创业营销基础，包括市场营销调研、市场细分、目标市场选择与定位、市场营销策略组合等方面；

（2）创业准备阶段的市场营销，包括创业市场机会查找、顾客需求洞察与开发、市场导向的技术准备、商业创意的市场预测试等方面；

（3）企业发展早期的市场营销，包括创业团队组建过程中的营销、创业融资中的营销、创业初期的市场开发等方面；

（4）企业发展中期的市场营销，包括产品迭代策略、品牌拓展策略、整合传播策略、渠道管理策略、市场竞争策略等方面；

（5）企业发展后期的市场营销，包括企业出售过程中的营销、企业营销策略转型。通过学习本课程，学生能够掌握创业营销的基本内涵、理论知识、分析工具及具体应用，帮助学生提升战略营销思维并应用于实际工作中。通过分析不同营销案例，从中获取创业营销要点及使用的理论，从而在实践中更好地工作。

创业营销课程内容如图 2-1 所示。

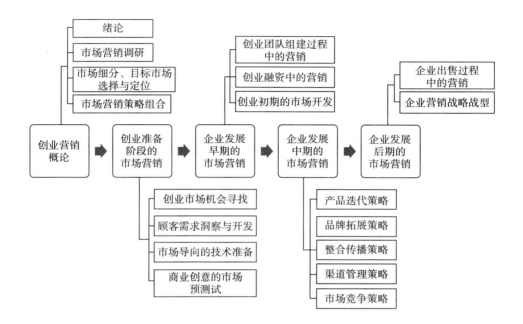

图 2-1　创业营销课程内容

2.1.3　课程目标

（1）知识目标和能力目标。根据华中科技大学培养方案要求，本课程旨在指导学生学习创业营销环境、用户洞察、营销手段等管理理论知识及相关操作方法，使其能够理解创业营销相关专业术语，掌握创业营销有关方法工具，熟练应用上述方法和工具对实际案例进行阅读分析，并能撰写营销方案，具备解决实际问题的系统思维及专业实践能力。

（2）思政目标。坚持习近平新时代中国特色社会主义思想，贯彻党的教育方针，落实立德树人根本任务；培育和践行社会主义核心价值观；聚焦社会主题，跟进脱贫攻坚等具有重大影响和意义的题材，深入挖掘蕴含其中的思想政治教育功能。

2.1.4　授课对象

本科生。

2.1.5 使用教材

谌飞龙. 创业营销：创业项目包装与推介〔M〕. 北京：机械工业出版社，2017.

2.1.6 课程课时

32 学时。

2.2 示例章节信息

1.2.1 教学章节

第一章第三节：制度创业理论。

2.2.2 教学内容

（1）知识讲授。制度创业定义、制度创业六阶段模型、制度创业者分析。
（2）案例应用。付文华如何带动麻阳冰糖橙电商行业兴起。
（3）课堂总结。本节内容小结与课后任务布置。

2.2.3 教学目标

（1）了解制度创业理论的基本内容，领会其与一般创业的区别。
（2）应用制度创业六阶段模型分析评价企业创业营销的实际案例，策划营销方案，解决实际问题。
（3）了解国家乡村振兴战略、麻阳县实施脱贫攻坚的措施，增进对中国特色社会主义的信念，增强对新时代中国共产党的信心。

2.2.4 教学课时

1 学时。

2.3 案例介绍

果果绿：数字赋能平台企业助力共同富裕的制度创业之旅①

麻阳苗族自治县位于湖南省西部、怀化市北部。2014 年以来，麻阳聚焦"精准"，以脱贫攻坚统揽经济社会发展全局。通过这些努力带来可喜的变化：全县贫困群众全部脱贫，91 个贫困村全部出列，2019 年实现高质量脱贫摘帽，2020 年顺利通过了国家脱贫攻坚普查。

农产品电商的蓬勃发展为麻阳县脱贫立下汗马功劳，尤其是冰糖橙电商产业。2014 年至今，麻阳县冰糖橙电商行业的发展从无到有，全县电商从业人员超过 2 万人，年交易额近亿元。

电商行业的发展离不开北京果果绿电子商务有限（以下简称"果果绿"）公司创始人付文华的带头示范作用。出生于麻阳、工作于北京和上海多年的他熟悉电商运作模式。2014 年，他决定以家乡的冰糖橙为突破口进行创业，改变家乡传统农业的种植经销模式。经过两年多的经营探索和示范带动，他的电商新理念与新模式推动了麻阳县冰糖橙电商产业链、行业规则的基本建立。果果绿将"互联网+"与家乡特色农产品结合，不仅实现了盈利目标，而且为麻阳电商产业的发展树立了标杆。

产业精准扶贫是实现贫困人口持续稳定脱贫的根本途径。麻阳苗族自治县以产业发展为突破口，积极推动营商环境的改善，全力保障和改善民生，在脱贫攻坚大考中交出了一份值得肯定的答卷。

2.4 案例使用说明

2.4.1 案例价值

（1）专业元素。通过对案例的分析和讨论，让学生掌握和探讨以下内容：

---

① 戴鑫，周颖，龚婧媛，等. 制度创业：付文华如何带动麻阳冰糖橙电商行业兴起［Z］. 全国百篇优秀管理教学案例，2017.

了解麻阳冰糖橙电商行业的发展历程，学习制度创业理论；熟悉制度创业阶段划分，重点掌握六阶段分析模型，学会利用模型分析案例发生过程。

（2）思政元素。党的十八大以来，以习近平同志为核心的党中央把脱贫攻坚摆在治国理政的突出位置，持续巩固拓展脱贫攻坚成果；在乡村振兴背景下，麻阳县精准施策抓产业，推动冰糖橙特色产业发展的过程具有借鉴性、宣传性。

2.4.2 教学安排

（1）讲解概念——初识制度创业理论。阐述制度创业的定义，并对制度创业理论进行回顾。制度创业（Institutional Entrepreneurship）产生于 20 世纪 80 年代，背景是强大的制度力量对组织及其运作产生持续、显著且同质化的影响，现行制度下的组织或个人意识到只有改变现有制度才能获得收益，所以通过建立并推广新制度所需规则、行为模式及价值理念等，最终获得新的利益。制度创业理论主要内容，如表 2-1 所示。

表 2-1　制度创业理论的主要内容

5W1H	情景	原因	时间	主体	对象
主要方面	组织场域 社会环境	社会层面 场域层面 组织层面 个体层面	新型场域 成熟场域 其他场域	身份识别 意图变化 方式策略	规范规则 正式/非正式制度

制度创业与一般创业的区别体现在创业初衷、创业过程以及创业者的特征三个方面。首先，制度创业的初衷是外部经济性而非营利性。这主要体现在制度创业主要是为了解决社会问题并提高社会总福利。其次，制度创业的过程除自身原因外还会受到制度的影响。一般创业过程是按照企业生命周期来划分的，与企业内部发展阶段相似。而制度创业强调了制度的影响和制约，每个阶段既有可能随着制度本身开始创业进程，也可能受到来自制度的挑战。最后，制度创业者更关注制度的变化而不局限于企业。一般创业者主要关注如何构建专业、完备的管理体系。而制度创业者对制度更为关注，会结合自身所处的位置进行调整，并关注场域中其他利益相关者，从而带动整个场域来支持制度变迁。制度创业与一般创业过程对比如图 2-2 所示。

麻阳冰糖橙电商行业发展过程适用于制度创业六阶段过程模型（Six-Stage Model），如图 2-3 所示。模型强调从组织场域中心位置出发，探究与场域相关的组织成员如何推动变革的发生，包括以下六个阶段：一是社会震荡；二是去制度

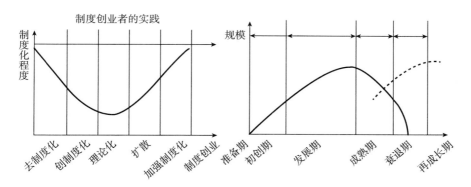

图 2-2 制度创业（左）与一般创业（右）过程对比

化，当包括社会变动、技术革新、竞争中止或规制变迁等外部环境变动给现代场域带来冲击时，新主体进入场域从而引发局部创业；三是前制度化，行动者动员各种资源，并在实践中验证新制度的优越性；四是理论化；五是制度扩散，在不断验证和转变的过程中，新制度模式会随着制度扩散而被客观化，在实用价值方面得到社会认同；六是后制度化，可能会出现两个结果，即形成新的主导性制度逻辑并被场域成员普遍接受和认可，或者无法取得认知合法性时表现为一次短暂思潮。

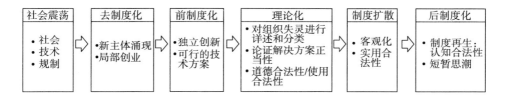

图 2-3 制度创业六阶段过程模型

制度创业过程是反映制度创业者如何在特定的场域中发挥能动性的过程。制度创业者与一般创业者的区别主要体现在以下三个方面：首先，制度创业者推动制度变革的意愿更强烈。在创业过程中，制度创业者会有目的地采取各种措施来改变现存制度环境，而一般的创业者则不会有强烈改变制度的意愿，他们更愿意顺势而为让企业得到制度认可。其次，制度创业者参与创业的程度更深。制度创业是一种过程导向的制度变革，特别需要创业者在不同阶段采取更有效的行为方式。最后，制度创业者会推动制度变革或建立新制度。制度创业者的本质在于他们的决策会偏离其当前所处环境的制度规范，寻求一种更优的制度模式。而一般创业者主要是从推动建立新的商业模式，从纯粹的业务模式层面开展企业活动。

（2）案例应用——结合案例分析。首先生动引出《制度创业：付文华如何带动麻阳冰糖橙电商行业兴起》案例的发生背景，介绍案例的基本情况。其次详细介绍案例及关键事件，有机融合思政元素——乡村振兴。在讲解过程中，重点阐述制度创业理论在本案例中的应用，引导学生结合六阶段模型分析麻阳冰糖橙电商行业发展过程（见表2-2）。

表2-2　麻阳冰糖橙电商行业的发展阶段分析

阶段	制度创业六阶段模型	麻阳冰糖橙电商发展阶段特征	麻阳冰糖橙电商行业发展关键事件
一	社会震荡	传统营销模式受到冲击	麻阳冰糖橙在当地农贸、商超售卖，没有出现电商 果果绿网上卖黄桃，初体验效果很好
二	去制度化	电商模式开始引入麻阳	第一届冰糖橙网上采摘节取得圆满成功 麻阳冰糖橙品牌通过电商平台辐射全国
三	前制度化	电商、微店开始兴起	电商平台协助政府解决滞销难题 当地电商、微店模仿果果绿
四	理论化	电商产业链模式被百姓接受	采摘节以电商企业主导为主 政府对电商的政策和资金开始倾斜 线上电商平台与线下包装、物流等建立稳定关系
五	制度扩散	电商行业标准开始扩散	电商平台售卖的冰糖橙超过10万吨 成立麻阳电商协会，制定电商标准 冰糖橙品牌全面开花，在线上逐渐打响
六	后制度化	电商行业与其他行业建立形成稳定联合体	产品生产、加工、售卖和物流企业开始联动

分析付文华作为制度创业者在麻阳冰糖橙电商发展中展现的特质以及他在麻阳冰糖橙电商行业发展各个阶段所起的作用，了解制度创业者对制度创业过程推进的影响（见图2-4）。

（3）课堂总结——识记制度创业过程。总结本次课程所讲授课堂内容，利用所学制度创业理论知识引导学生回答案例的启发思考题。

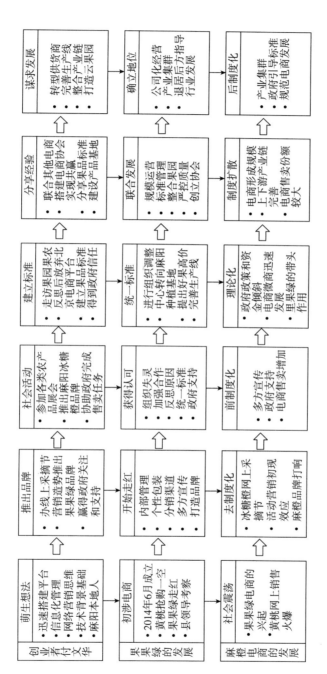

图 2-4 付文华及果果绿与麻阳冰糖橙电商行业发展

2.5　特色和创新点

（1）特色。教学安排使价值观引导于知识传授和能力培养中，让学生了解国家乡村振兴战略的宏观背景；运用制度创业理论去分析案例的发生过程和背后机理，把握时代发展趋势，引发对未来制度创业的思考。

（2）创新点。将乡村振兴融入课堂教学，使思政教育与专业教育有机融合；让学生了解制度创业与一般创业的异同，分析实际案例中的制度创业过程，提升理论应用于实践的能力。

2.6　效果体现

（1）掌握专业基础知识。理解制度创业的基本含义，区分一般创业与制度创业的区别，了解制度创业者的特质及其对制度创业的推动作用。

（2）具备知识应用能力。学会结合案例分析制度创业的过程，利用所学制度创业六阶段模型为企业创业营销提供策略建议。

（3）树立正确的爱国主义思想。通过聚焦国家乡村振兴战略下麻阳县稳步实现脱贫摘帽的案例，增强对中国特色社会主义的信念、对实现中华民族伟大复兴的中国梦的信心。

3 一方有难八方支援：鸿星尔克巨额捐款引起的订单激增

——仓储管理课程思政教育教学典型案例

李建斌

3.1 课程的基本信息

3.1.1 课程简介

现代仓储业不仅是物流行业的一个重要组成部分，也是衔接社会生产、流通与消费的一个不可缺少的环节，在国民经济与社会生活中扮演着非常重要的角色。仓储管理学是一门发展中的综合性的应用型学科，涉及物流管理、企业管理、信息管理、质量管理、设备与设施管理等学科。本课程首先介绍仓储管理的基本运作流程，其中主要包括入库流程、出库流程以及流通加工、储存保管、盘点作业、呆废料处理等在库操作；其次详细介绍仓库内的运作优化，主要包括库位分配优化、波次优化、路径优化三个专题；最后分别介绍传统单仓和多仓分配的库存管理技术方法。

本课程将课堂讲授、课堂讨论、案例分析、团队合作、课堂作业和实验教学等多种教学方法相结合，同时任课教师将适时为学生讲解在企业实际生产运作中的经验，系统地论述现代仓储管理的相关知识和技术方法。

3.1.2 课程内容

仓储管理课程内容如图 3-1 所示。

3.1.3 课程目标

（1）知识目标和能力目标。通过本课程的学习，旨在使学生掌握产学研用的技能。除掌握仓储管理的基本概念和知识外，还需要培养优化实际仓储问题的

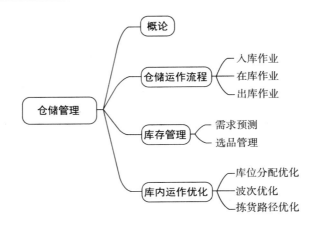

图 3-1 仓储管理课程内容

能力。领会仓储管理在企业中的重要地位，培养学生寻找和解决问题的能力，能够从问题中提炼出数学模型，并通过编程模拟相关作业，使学生具备应用基本概念与理论，以及提出问题、分析问题和解决实际问题的专业基础能力、系统思维能力以及专业实践能力。

（2）思政目标。培养学生的大局意识，"创新、协同、共赢、开放、绿色"新发展理念、国家认同感；社会责任感、团队意识、质量意识、合作共赢；诚信、友善、爱岗敬业。

3.1.4 授课对象

物流管理专业本科生（本科生必修课）。

3.1.5 课程课时

40 学时。

3.2 示例章节信息

3.2.1 教学章节

第四章第三节：订单出库配送管理——拣货路径优化。

3.2.2　教学内容

（1）案例导入。鸿星尔克捐款后，企业爆仓。

（2）知识讲授。拣货路径优化问题简介、拣货路径优化的意义与目标、拣货路径优化模型及算法。

（3）课堂总结。本节内容小结与课后任务布置。

3.2.3　教学目标

熟知拣货路径问题的含义；领会拣货路径优化的意义与目标；掌握优化拣货路径问题的方法及模型，能够运用所学的拣货路径优化的方法解决实际问题（重点与难点）；推进社会主义核心价值观——爱国主义与创新精神。培养学生的大局意识，实现中国梦必须弘扬中国精神，一方有难，八方支援。此外，企业的经营过程需要员工的工匠精神，通过本课程的学习，培养学生的创新精神，提升学生的创新能力。

3.2.4　教学课时

3 课时。

3.3　案例介绍

一方有难八方支援：鸿星尔克巨额捐款引起的订单激增

2021 年 7 月，河南省遭遇千年一遇的特大暴雨，郑州、巩义、新乡等多个周边城市出现了险情，造成重大人员伤亡和财产损失。一方有难，八方支援。各地企业纷纷捐款捐物帮助灾区重建家园。在此期间，有一家国产运动品牌企业出现在人们视野中，它就是鸿星尔克。在面对河南灾情严重时，鸿星尔克毫不犹豫地支援灾区，第一时间捐赠了价值 5000 万元的物资赈灾。此举迅速"出圈"，被网民送上微博热搜，成为大众关注的焦点。网民"扒出"的鸿星尔克财务报表显示，2020 年鸿星尔克亏损达 2.2 亿元，2021 年第一季度净利润为-6000 多万元。针对鸿星尔克的捐款行为，网民纷纷表示心疼，除了在评论区发表关切评论，更有网民直接赠送鸿星尔克十年微博会员，称希望其努力经营，发展成为百年企业。

随着鸿星尔克捐款事件热度进一步提升，大众掀起了一轮鸿星尔克产品抢购狂潮。大家纷纷进入鸿星尔克旗舰店、直播间及线下门店购买产品，以支持良心企业。据阿里巴巴数据显示，2021 年 7 月 22 日晚，鸿星尔克淘宝直播间超 200万人参与扫货，产品一经上架即被抢空。截至 7 月 23 日，直播间粉丝量已增至752.6 万，获赞数达 38.9 万。据京东的数据显示，7 月 22~23 日，鸿星尔克销售额同比增长超 280%，23 日当日销售额同比增长超 52 倍。面对网民的支持举动，鸿星尔克董事长在直播间发出呼吁，劝导网民理性消费。

但网友们的热情，让鸿星尔克的仓库撑不住了。在鸿星尔克火爆网络后，相关负责人表示，自 7 月 23 日以来，仓库的发货量暴增，日均发货量由平时的约4000 单暴增至七八万单，甚至还有 41 万单等待发货。捐款前，鸿星尔克的仓库发货传送带上商品寥寥无几，走红后，传送带上商品堆积如山。为此，鸿星尔克发布公告："……在大家的热情购买后，我们的现有发货速度已经跟不上大家的发货服务需求……"

3.4　案例使用说明

3.4.1　案例价值

（1）专业元素。拣货路径的优化。通过引入鸿星尔克的案例，引导学生针对仓库订单量暴增的情景进行处理。在订单量较少时，仓库工作人员只会进行拣货并不会注重拣货路径的优化，然而在订单量暴增时，拣货效率决定了发货速度和消费者满意度。因此，当订单量较大时，需要对仓库运作的每个环节进行优化，防止出现爆仓的情况。

（2）思政元素。社会主义核心价值观——爱国，上述案例向同学们展示了实现中国梦必须凝聚中国力量，爱国主义始终是把中华民族团结在一起的精神力量。

3.4.2　教学安排

（1）案例导入——拣货路径优化。鸿星尔克订单量暴增：从拣货路径优化角度提高仓库运作与出库效率。

在导入案例时，首先结合时事，引出鸿星尔克案例内容与梗概。其次详细介绍鸿星尔克订单暴增的前因后果。在案例实践讲解过程中，要突出爱国的思政元素，展现出一方有难八方支援的爱国主义情怀。此外，要指出当企业面对突然暴涨的订单量时，可能会出现的问题，如订单暴增会使仓库没有足够能力处理订单，导致仓库爆仓的情况。尤其是遇到突发状况时，如何解决订单暴增带来的一系列问题值得深思。暴增的订单可能导致企业出现爆仓。当企业面对用户需求激增时，如果此时仓库的效率还是处于淡季或平时的效率，那么企业不仅会手足无措，仓库运作效率低下，而且消费者会因迟迟收不到货物，降低对企业的满意度。因此，如何提高仓库出库效率是关键。仓库运作效率的提升可以分解成多方面的优化，如订单拣选顺序优化，仓库人员排班优化等。

由于常规的拣货作业劳动量占用仓库作业量的60%，而其移动成本占90%左右，拣货作业时间至少要占配送中心全部作业时间的30%～40%，因以，拣货作业是仓库作业的核心部分，首先需要考虑仓库人员拣货路径的优化。虽然仓库拣货作业趋向于无人化，但无人化技术的推广需要投入大量资金，现阶段无人仓还未完全普及，所以绝大部分的仓库仍处于人工仓。仓库拣货作业一般分为两个步骤：一是分配订单，产生拣货单计划；二是由拣货员进行商品拣取任务。在前一个步骤执行过程中，不合理的订单分配方式会引发订单周期较长、商品错误率高等问题；在后一个步骤中，不合理的路径规划会产生较多不必要的重复行走路线，导致拣货成本增加。因此，合理规划仓库中的拣货作业环节，提高拣货作业效率具有研究价值。在采取"人至物"的拣货方式的仓库中，拣货路径对仓库效率的影响尤为突出。如何规划最优的拣货路径以缩短拣货行走距离，是提高仓库运作效率的关键。

（2）讲解概念——拣货路径。拣货路径指在一次拣货中，将订单要求的所有商品拣出时在仓库中行走的轨迹。拣货路径问题与经典的旅行商问题类似，目标都是寻找依次通过所有需求点的最短路径。

（3）阐述要求——拣货路径优化的目标。对于一次包含10个商品的拣货作业而言，不同的拣取顺序意味着不同的路径长度。如果仓库的布局比较复杂，则路径之间的长度相差会更大。因此，寻找一条最优的路径可以有效缩短行走距离，这也意味着在同样的时间内可以完成更多次拣货，从而提高仓库运作效率。考虑到拣货作业的频繁以及对时间的高度要求，在设计求解算法时必须权衡运算时间和求解质量，在保证运算时间的前提下尽可能提高解的质量。不同的仓库布局会对拣货作业产生不一样的约束条件，这在建模优化的过程中也是需要考虑的，即综合考虑现实中的一切条件与约束，对拣货路径进行优化，提高仓库拣货效率。

（4）重难点——优化模型与算法。首先，对拣货路径规划问题进行抽象性的描述，抽离出相关变量使其符号化，培养学生们的科研素养。其次，对仓库布局特征及商品特性进行分析，找出问题的一系列约束条件，必要时做出合理的假设。再次，是算法设计部分。一个问题的求解算法有很多，如蚁群算法、启发式算法、遗传算法等。分别介绍不同算法的优缺点，根据研究问题的特点和优化目标，选择合适的算法求解。又次，是算法实现阶段，若研究问题有真实数据，那么可根据企业真实数据进行实现；若没有，那么需要根据研究问题的特点生成算例，并实现算法。最后，对实际或仿真结果进行分析，给出优化结果。

（5）课堂总结——拣货路径的理论与应用。总结本次所讲授课堂内容。同时，为了让学生从理论中来到实践中去，向学生介绍企业中的实际案例，布置课后作业——利用实际数据进行拣货路径的优化，从实际情况中分析并解决问题，给出优化方案，培养学生的科研精神。

3.5 特色和创新点

（1）把企业实际案例引入校园，把知识延伸到企业。仓储管理的教学内容来源于企业，构建具有职业情境与氛围的教学过程有助于学生即学即用。课程思政的提出，目的就是实现各类课程与思想政治理论课的同向同行，实现协同育人。同时，将企业与校园相结合，有利于向社会输送具有专业素养的物流管理人才。

（2）将专业知识与社会主义核心价值观融合。在课程思政融入专业课的过程中，需要做到不突兀、不脱节。案例引入是专业知识与思政元素的黏合剂，不但优化了教学内容、创新了教学形式，还提升了学生的综合素质，实现了知识传授、价值塑造和能力培养的多元统一。

3.6 效果体现

（1）掌握专业基础知识。了解仓库运作中需要优化的环节，即拣货环节。从理解拣货路径优化的意义到优化方案的形成，要求学生能够独立掌握拣货路径优化的知识。

（2）具备实践能力。能够运用所学知识对企业中的仓库拣货路径进行优化。

从识别问题、分析问题到解决问题，在小组合作的基础上，通过对企业实际数据进行分析、建模及算法设计实现，达到优化的效果。

（3）树立爱国主义情怀。如习近平总书记所言，高校学生的价值取向在某种程度上决定了未来整个社会的价值取向。在本案例中，民族企业鸿星尔克的做法为我们树立了榜样。当国家面临危难时，我们要挺身而出，为国家为民族贡献自己的一份力量。这需要学生坚持学习书本知识与投身社会实践相统一，在实践锻炼中认识国情、了解社会，不断提升能力本领、综合素养，努力成为学识广博、底蕴深厚、身心健康、知行合一的新时代青年，自觉将个人的青春之力、奋斗之志转化为脚踏实地、不懈奋进的报国行动。

4　薪心相印：腾讯、阿里巴巴无微不至的福利设计

——薪酬管理课程思政典型案例

刘智强

4.1　案例的基本信息

4.1.1　课程简介

员工福利管理是企业薪酬管理体系中的一个关键部分，对员工生活、企业发展乃至国家建设均具有重要的影响。对于员工而言，所在企业的福利管理制度决定着其工作和生活基本需求的满足程度，与员工的切身利益密切相关。对于企业而言，其所实行的员工福利管理制度对组织文化氛围的营造、员工队伍的稳定性、企业用人成本以及企业整体绩效具有重要的影响。对于国家而言，社会中企业所普遍执行的员工福利制度和水平对于国家稳定以及新时代中国特色社会主义的经济建设、法律法规建设以及文化建设也有着关键的影响。管理专业的学生理应对现代企业中员工福利管理相关的知识有全面的了解和深入的思考，因此本课程将带领学生重点学习和思考企业中与员工福利管理相关的内容。

4.1.2　课程内容

薪酬管理课程内容如图 4-1 所示。

4.1.3　课程目标

（1）知识目标和能力目标。在专业知识方面，本课程的目标是帮助学生掌握员工福利管理相关的概念含义，探讨现代企业中员工福利管理的特点和主要项目内容，引导学生了解国家针对企业员工福利制定的相关法律法规和政策，并思

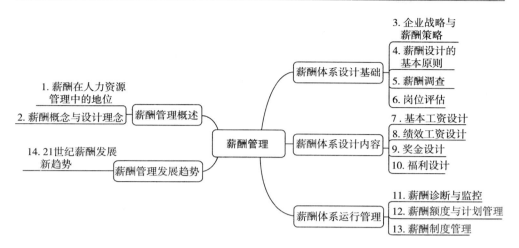

图 4-1 薪酬管理课程内容

考中国特色社会主义新时代背景下企业员工福利规划和管理面临的问题和解决策略。在能力培养方面，本课程期望帮助学生掌握员工福利管理相关策略，明确员工福利管理对员工和企业所发挥的重要作用，熟悉国家有关企业员工福利的法律法规和方针政策，在理论上能够做到融会贯通，并能将理论用于实践，对企业的员工福利规划与管理提出建设性的意见。

（2）思政目标。在思政教育方面，本课程的目标是引导学生关注社会实践中的现实问题，了解世情国情党情民情，深刻理解中国特色社会主义新时代背景下企业员工福利管理对国家优秀传统文化和社会主义核心价值观的体现和弘扬，深化学生对企业员工福利管理相关的法治理念、法治原则和重要法律概念的认知，培养学生遵纪守法、爱岗敬业、开拓创新的职业品格和行为习惯，督促学生牢记时代使命，塑造正确的世界观、人生观、价值观，做有理想、有追求、有担当、有作为、有品质、有修养的大学生。

4.1.4 授课对象

本科生。

4.1.5 使用教材

[1]［美］乔治·T. 米尔科维奇，杰里·M. 纽曼. 薪酬管理［M］. 成得礼，译. 北京：中国人民大学出版社，2014.

[2] 张宝生，孙华. 薪酬管理［M］. 北京：北京理工大学出版社，2018.

4.1.6 课程课时

40 学时。

4.2 示例章节信息

4.2.1 教学章节

第一章第一节：薪酬和薪酬管理的概念和内涵。

4.2.2 教学内容

本课程的教学将坚持以马克思主义为指导，以培养学生薪酬管理相关的专业能力和专业素质为核心，以爱党、爱国、爱社会主义、爱人民、爱集体为主线，将思政内容融入员工福利管理课程中，保障员工福利管理课程知识体系的系统性、时代性和引领性，同时保障思政教育的实效性和价值性，让思政课程取得实际的教育效果。在教学方法方面，本课程将综合运用案例教学、小组讨论等多种教学方法，注意培养学生的自主性和积极性，激发学生的学习兴趣，引导学生主动学习专业知识和思政内容，帮助学生通过自主学习和深刻思考，成为德智体美劳全面发展的中国特色社会主义事业的建设者和接班人。

4.2.3 教学目标

（1）知识和能力目标。①员工福利概论。阐述组织中员工福利的含义、特点及作用，使学生对组织中的员工福利管理形成初步的认知，对员工福利管理中所涉及的基础概念、原则和理念有清晰的理解和把握。②员工福利内容。介绍现代企业中员工福利管理的主要内容，让学生能够准确掌握国家法律法规所明确规定的企业必须给员工提供的各种法定福利项目，并对现代企业中较常实施的各种补充福利项目有广泛的了解。③员工福利规划与管理。引导学生站在组织管理者的角度思考企业员工福利的规划与管理，启发学生思考员工福利规划和管理中可能面临的难题和挑战，并寻找相应的科学合理的问题解决方案，培养学生的企业管理意识和管理能力。

（2）德育目标。①凸显企业员工福利管理对讲仁爱、重民本、求大同的中华优秀传统文化的本质体现，以及对国家的富强、民主、文明、和谐和社会的自由、平等、公正、法治的社会主义核心价值观的践行，坚定学生的中国特色社会主义道路自信、理论自信、制度自信和文化自信。②引导学生了解和掌握与企业员工福利管理相关的国家法律法规，牢固树立学生的法治观念，提高学生运用法治思维和法治方式维护自身权利以及参与企业员工福利规划和管理的意识和能力。③引导学生从多方面深入思考员工福利规划和管理的策略，培养学生全面辩证地看待和解决事物的能力，塑造学生的专业和职业素养，培养学生爱岗敬业、勇于探索、开拓创新的职业品格和时代精神。

4.2.4 教学课时

2 学时。

4.3 案例介绍

【例1】 腾讯的"职业里程碑"关怀方案

2021 年，腾讯再度升级员工"职业里程碑"方案，完善员工关怀制度。根据该方案，腾讯员工的职业里程碑将从过去的入职 1 年、10 年、20 年三个节点，升级为入职 1 年、5 年、10 年、15 年、20 年、法定退休六个重要节点，每个节点员工都能享受到不同的实物礼品或特色权益，以感谢员工对公司的持续付出和努力。该方案规定，当员工入职 1 年时，可以领取"定制周年 Q 币卡册"一份。入职 5 年时，员工可解锁"长期健康保障"，而且即使员工从腾讯离职，仍然可以继续持有该项权益。入职 10 年时，员工可享受"十年长期服务假"。入职 15 年时，员工可以享受的权益为"终身健康保障"，该权益为公司为员工赠予的一份终身健康保险。入职 20 年时，员工则可以获得寓意时间和空间的"时光企鹅"。在腾讯工作到法定退休年龄的员工可以获得腾讯的"定制纪念品""长期服务感谢金"和"退休荣誉金"等多项福利。

【例2】 阿里巴巴的"暖心计划"

2021 年，阿里巴巴推出了多项针对员工关怀的"暖心计划"。其中，为了让员工有更多的时间和机会陪伴在家人身边，该项"暖心计划"为员工新增了七个工作日的全薪陪伴假。公司还为子女在三周岁以内的员工新增了十个工作日的全薪育儿假，使员工有更多时间陪伴孩子。另外，为了帮助员工获得职业成长，"暖心计划"为员工新增了长期服务假。当员工在阿里巴巴服务的年限每满十年时，员工即可获得年陈定制礼品和20个自然日的全薪长期服务假，让员工有更多时间学习充电和探索世界。阿里巴巴还将团队集体出游（Outing）的费用标准由800~1200元/人·年提高到了1200~1800元/人·年，以让员工的Outing玩得更尽兴。在该项"暖心计划"中，阿里巴巴不仅为员工新增了交通补贴，而且试行灵活办公制度，鼓励有条件的团队实行一周不超过一天的灵活办公，让员工在遇到恶劣天气、突发情况或需要兼顾家庭事务时，可自行选择在效率最高、最舒适的地方工作，有更多的办公选择和自由。

通过对腾讯的"职业里程碑"关怀方案以及阿里巴巴的"暖心计划"的讲解和探讨，引导学生思考员工福利管理的重要性和意义。

4.4　案例使用说明

4.4.1　案例价值

（1）专业元素。阐释员工福利的含义和特点，引导学生思考企业提供员工福利对于各利益相关主体的作用；介绍我国企业员工的法定福利项目，明确国家相关法律法规和政策的详细内容；介绍我国企业目前实施的各种补充福利项目，让学生能够更加广泛地了解我国企业员工福利的现有状况。

（2）思政元素。让学生领会员工福利所反映出的文化理念，增强学生对中华民族优秀传统文化及中国特色社会主义道路的认同；深化学生对我国社会福利相关法治理念、法治原则、重要法律概念的认知，牢固树立学生的法治观念，坚定学生走中国特色社会主义法治道路的理想和信念，提高学生运用法治思维和法治方式维护自身权利、化解矛盾纠纷和参与企业管理的意识和能力；让学生了解世情、国情、党情、民情，拓宽学生的视野。

4.4.2　教学安排

4.4.2.1　员工福利概论

阐释员工福利的含义和特点，引导学生思考企业提供员工福利对各利益相关主体的作用。让学生领会员工福利所反映出的文化理念，增强学生对中华民族优秀传统文化及中国特色社会主义道路的认同。

（1）通过腾讯和阿里巴巴的员工福利案例，引出员工福利概念，并分析员工福利的特点。员工福利是组织为满足劳动者的生活需求，在工资收入之外，向员工本人及其家属提供的货币、实物及一些服务形式。企业向员工提供的福利是员工总体薪酬的一个重要部分，其形式可多种多样。

提问： 员工福利有哪些特点？

回答： 员工福利具有均等性、集体性、补充性和全面性等特点。均等性是指，一般来说凡是履行了劳动义务的员工，均有权利享受企业所提供的各种福利。员工福利可以有效平衡不同员工之间的收入差距，并缓解收入差距所带来的社会矛盾，促进社会公平和谐。集体性是指员工主要通过集体消费或者使用公共物品等方式来享受福利。另外，员工福利一般是作为员工工资收入的补充部分，是企业对员工所提供劳动力的物质补偿。现代企业所提供的员工福利具有多种多样的形式，涉及员工各种多样化的需求，且有些福利项目不仅针对员工，还可覆盖员工的家属。

（2）引导学生思考企业提供员工福利对于员工和企业分别有哪些作用。

提问： 提供员工福利对企业有哪些好处？

回答： 首先，由于国家政府高度重视劳动者的福利，并针对企业员工福利制定了一系列法律法规和政策，提供员工福利可以有效增强薪酬管理的合法性。其次，提供员工福利还可以提升企业形象，增强企业在劳动力市场的竞争力，帮助企业吸引优秀的人才。再次，提供员工福利还可反映企业对员工的重视和关心，提高员工的工作满意度，帮助企业提高雇员的稳定性和忠诚度。最后，由于国家针对企业的福利支出制定了一系列税收优惠政策，提供员工福利还可以帮助企业提高用人成本的有效性。

提问： 员工福利对员工有哪些好处？

回答： 享受福利对于员工而言有很多好处。首先，由于以福利形式获得的收入可以免缴个人所得税，所以员工福利也可以帮助员工享受税收优惠。其次，企业所提供的多样化福利可以促进员工多样化需求的满足，提高员工的物质生活水平和生活满意度。最后，员工福利可以使员工享受集体购买的优惠，使员工以更低的成本购买某些商品或享受特定服务。

（3）引导学生思考员工福利所体现出的优秀文化观念。中国的福利思想源远流长，在中国历代哲学思想家的名言里就能找到福利思想的影子。例如，孔子的"使老有所终，壮有所用，幼有所长"，孟子的"老吾老，以及人之老；幼吾幼，以及人之幼"等名言就体现了对社会福利的重视以及对通过社会福利构建和谐美好社会的期望。企业向员工提供福利体现了对劳动者的关心和对劳动者需求的重视，是对中华优秀传统文化中的讲仁爱、重民本、尚和合、求大同的思想精华的弘扬。

4.4.2.2　员工福利内容

（1）介绍我国企业员工的法定福利项目，明确国家相关法律法规和政策的详细内容。深化学生对我国社会福利相关法治理念、法治原则、重要法律概念的认知，牢固树立学生的法治观念，坚定学生走中国特色社会主义法治道路的理想和信念，提高学生运用法治思维和法治方式维护自身权利、化解矛盾纠纷和参与企业管理的意识和能力。

法定福利是国家相关法律法规和政策明确规定企业必须为员工提供的福利，这些福利项目可以为员工提供工作和生活的基本保障，使员工在遭遇疾病、伤残或失业等情况时具备一定的应对能力。我国政府对人民所享受的福利项目及福利水平历来非常重视，通过法律法规和相关政策规定了多种形式的法定福利项目，包括养老保险、医疗保险、生育保险、工伤保险和失业保险等社会保险项目，公休假、法定休假和带薪年休假等法定休假项目，以及住房公积金等。这体现了坚持法治建设要为了人民、依靠人民、造福人民、保护人民，坚持以人民为主体，把体现人民利益、反映人民愿望、维护人民权益、增进人民福祉落实到了依法治国的过程中。

（2）介绍我国企业目前实施的各种补充福利项目，让学生能够更加广泛地了解我国企业员工福利的现有状况。让学生了解世情国情党情民情，拓宽学生的视野。

补充福利是企业为了提高员工生活水平和生活质量而为员工提供的各种附加福利项目，其目的是增强企业现有员工对组织的归属感和忠诚感，提高员工的凝聚力，同时帮助企业在外部市场树立良好的企业形象，吸引优秀人才。

提问：在我国，现代企业实施的补充福利项目有哪些？

回答：我国企业现阶段实施的补充福利项目形式多种多样，有补充养老保险、补充医疗保险、住房津贴、再教育辅助计划、交通补贴、节日津贴、子女教育辅助计划等。

4.4.2.3　员工福利规划与管理

随着市场经济体制不断发展完善和成熟，对企业的福利管理也提出了越来越高的要求。在现代企业制度下，企业必须对员工福利进行科学的规划和管理，不断建立和完善系统的企业福利制度，才能让员工福利的激励功能得到充分发挥，从而更有效地促进企业的成长和发展。

（1）思考企业在进行员工福利规划过程中需要考虑的问题，并为企业员工福利的规划策略提供思路。培养学生全面辩证地看待和解决事情的能力，塑造学生的专业和职业素养。

　　企业在进行员工福利规划时，需要重点考虑几个问题。首先是确定福利保障的对象，即哪些员工能够享受企业的福利，如劳务派遣员工、退休员工、兼职员工是否可以享受企业的福利。不同员工可享受的福利项目及福利水平是否存在区别，所依据的标准是什么。其次企业还需考虑福利资金的来源，如企业所提供福利项目是由企业出资，还是由员工自费，还是企业和员工共同分担费用，其分摊比例又如何确定。最后，企业还需确定福利在员工总体薪酬中所占的合理比重。

　　（2）思考企业在进行员工福利管理过程中需要考虑的问题，并引导学生站在组织管理者的角度为企业员工福利的管理提供策略。培养学生爱岗敬业、勇于探索、开拓创新的职业品格和行为习惯。

　　由于员工福利种类繁多，成本高，且具有一定的刚性，企业若没有充分的理由，很难取消已经实施的福利项目或者降低福利水平，这给员工福利的管理带来了较高的难度和挑战。

　　第一，为了构建有效的员工福利体系，企业在制订员工福利计划时可先进行福利调查，了解其他同行企业所实施的福利项目和福利水平，从而设计成本合理且有竞争力的员工福利计划。

　　第二，企业若想自己的福利投入可以获得理想的收益，与员工的沟通和交流也很关键。一方面，企业可以充分了解员工的需求，提供员工需要的福利项目；另一方面，企业还可以通过与员工的沟通，使员工意识到企业为其付出的成本，提高员工的满意度。

　　第三，由于福利支出在企业薪酬支出中占很大的比重，提高福利服务效率和降低福利成本也是许多企业需要考虑的问题。为此，企业可以采取一定措施，如要求员工承担部分福利费用、规定福利上限或者对不同类型的员工给予不同的福利项目或福利水平等。

　　第四，员工福利的规划和管理不是一劳永逸的，由于国家有关福利的法律或政策可能变动，且员工的需求、市场薪酬水平和福利状况都可能随时发生变化，企业在做好员工福利规划后，还需对福利计划的实施进行实时的监控，以及时做出调整。

　　总结本次课程所讲授的理论知识，让学生对课程内容有更深入、系统的掌握，能够融会贯通，并能够将课堂上学习到的理论知识运用到实践中。

4.5 特色和创新点

（1）课程选题紧跟社会经济发展状况与发展需要。引导学生关注国家和社会普遍重视的员工福利这一热点话题，不仅有助于让学生了解企业员工福利管理的重要性和现实意义，还能增强学生对企业员工福利规划和管理的专业知识和专业技能，为培养未来优秀的组织管理人才提供支持。

（2）知识传授方式将理论与实践紧密结合。通过详细全面地介绍员工福利管理相关理论、国家法律法规和企业实践案例，深化学生对员工福利管理理论知识的掌握以及对实践问题的洞察，开拓学生对社会主义新时代企业员工福利管理的新视野。此外，通过案例分析和小组讨论，引导学生立足于组织管理者视角来思考和分析实践问题，不仅有助于提升课程的实用性和趣味性，还能培养学生的思考能力和实践能力。

（3）注重职业素养的塑造和正确价值观的树立。充分利用课程中所涉及的思政内容，培养学生经世济民、开拓创新的职业素养，提高学生对我国企业员工福利管理实践所体现的中华优秀传统文化和社会主义核心价值观的认识和认同，进而促使学生将社会主义核心价值观内化为精神追求、外化为自觉行动。

4.6 效果体现

本课程预期加深学生对企业员工福利管理相关理论知识的理解，增强学生在企业员工福利规划和管理方面所拥有的专业技能，使学生能独立思考相关问题，并形成自身有关企业员工福利规划和管理的独特见解。

本课程预期引导学生积极参与课堂案例分析和小组讨论，使学生能够将理论知识应用于实践难题的解决，提高学生的组织管理能力。

通过采取多样化的教学形式，增强课程的趣味性，本课程预期将激发学生的学习热情和学习积极性，获得学生的良好反馈。

5 动态风险管理实现精准防控：武汉抗疫实践

——项目管理课程思政教育教学典型案例

赵学锋

5.1 课程的基本信息

5.1.1 课程简介

项目是人们用来改变世界的一种主要方式。无论目标是建造一座大桥、挖掘武汉东湖的湖底隧道、筹备一个大型的体育赛事还是演唱会，还是开发一个社交类 App 等，要成功、高效地完成这些任务的方式是相同的，即通过项目管理。项目管理已经成为一种最受欢迎的工具，通过项目管理，组织、公众或个人可以更快速地响应外部机遇，满足客户需求，取得竞争优势并更好地服务于社会。项目管理是一门特色课程，围绕项目管理的十个知识领域（整体管理、范围管理、时间管理、成本管理、质量管理、人力资源管理、风险分析、沟通管理、采购管理、干系人管理）的基本理论和工具方法，培养学生在企业管理实践中进行项目立项、计划、执行、控制和收尾的基本能力。此外，该课程融入了较多的思政元素和思政内容，通过课程学习可增强学生对中国特色社会主义建设的道路自信、理论自信、制度自信、文化自信，增强政治认同和文化认同，树立客观公正、诚实守信、承担社会责任等积极向上的人生观、世界观和价值观，实现知识传授与价值引领的有机统一。

5.1.2 课程内容

项目管理课程聚焦于项目管理的十大知识领域和项目管理的五大过程（项目立项、计划、执行、控制和收尾），重点介绍在管理项目过程中必需的知识、工具、技能和方法，使学生能掌握项目管理过程中需要的硬技能和软技能，促进分析问题、解决问题能力的提升。课程内容如图 5-1 所示。

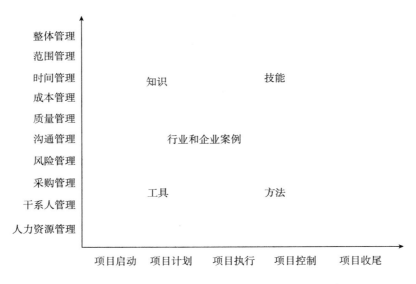

图 5-1 项目管理课程的主要内容

5.1.3 课程目标

（1）知识目标。通过本课程的学习，学生要知晓项目及项目管理的特点、项目管理的十大知识领域、十大知识领域中与项目五大管理过程组相关的管理过程，掌握在项目管理过程中需要用到的相关理论、工具、技能和方法。

（2）能力目标。在实际项目管理过程中能运用项目管理相关知识、技能、工具和方法去识别、分析、解决实际问题，具有系统思维能力以及专业实践能力。

（3）德育目标。通过本门课程知识、技能以及相关思政案例的学习能培养学生实事求是的工作态度，增强学生的中国特色社会主义道路自信、理论自信、制度自信、文化自信，树立客观公正、诚实守信、承担社会责任等积极向上的人生观、世界观和价值观，实现知识传授与价值引领的有机统一。

5.1.4 授课对象

本科生；信息管理和信息系统专业及物流、工商管理和市场营销专业的学生。

5.1.5　使用教材

鲁耀斌．项目管理——原理与方法［M］．大连：东北财经大学出版社，2009.

5.1.6　课程课时

32 学时。

5.2　示例章节信息

5.2.1　教学章节

第九章第二节：项目风险管理——项目风险应对和控制。

5.2.2　教学内容

（1）案例导入。武汉小区如何分类精准防控？
（2）知识讲授。项目风险应对策略、项目风险控制。
（3）课堂总结。本节内容小结与课后任务布置。

5.2.3　教学目标

（1）知识目标。通过本节内容的学习，学生要掌握风险的概念、特点、度量以及风险管理过程（风险识别、风险分析、风险应对、风险控制）的基本理论以及上述过程中采用的工具和方法。
（2）能力目标。在实际项目管理过程中具有风险管理能力，并能根据项目实时状态动态进行风险预防和制定应急对策。
（3）德育目标。通过本节内容的学习培养学生实事求是的工作态度、忧患意识，未雨绸缪，强调事先预防，而非临时补救。同时，增强对国家一贯坚持的"以人民为中心""保护人民群众的身体健康和生命安全"政策的清醒认识。

5.2.4　教学课时

4 课时。

5.3 案例介绍

动态风险管理实现精准防控：武汉抗击新冠肺炎疫情的实践①②

2021 年 8 月 13 日，武汉市召开第九场新冠肺炎疫情防控工作新闻发布会。在会上武汉市介绍了最新的防疫政策，将根据各小区的实时风险等级，将其分为封闭区、封控区、防范区，分类采取差异化管控措施，因时因势调整封闭管理措施，逐步转入疫情常态化精准防控。

封闭区的划分标准是阳性个案的发现点、居住点、工作点、活动点及周边区域，实行"封闭隔离、足不出户、服务上门"等严格的管理措施。考虑市民的就医需求，在封闭区内按需设置医疗点，提供健康咨询、常见病及慢性病诊疗、急救转运等服务。封闭区所有人员前 7 天每天及第 10、第 14 天各做 1 次核酸检测。在封闭区内的最后一例阳性病例个案隔离管控日期起计算 14 天内，如果无新增病例感染者则解除封闭，改为封控区。

封控区的划分标准是将阳性个案的密切接触者及共同暴露高风险人群的居住点、工作点、活动点及周边区域划为封控区，实行"只进不出，严禁聚集"管理措施。为了保障人民的基本生活需求，每户派 1 人在指定时间外出购置保障物资。管控区所有人员在第 1、第 4、第 7 天各开展 1 次核酸检测。如果封控区 7 天内没有新增感染者，经组织评估后转为警戒区继续观察 7 天，无新增感染者则解除封控变为防范区。

防范区的划分标准是将封闭封控区周边区域划为防范区，实行"两点（居住点—工作点）一线、非必要不离开"管理措施。防范区全体人员 24 小时内开展 1 次核酸检测。14 天内防范区内无新增感染者则解除防范管理恢复正常状态。

同时，武汉市政府还强调封闭区、管控区调整为防范区后，丝毫不能放松管理，而要继续研判防疫形势，加强管理，完善常态化精准防控与局部应急处置相结合的工作机制，坚持"晴天带伞""撑伞避雨""打伞干活""修伞补强"，做

① 应勇. 毫不放松抓好常态化疫情防控［EB/OL］. ［2022-09-10］. http：//politics. people. com. cn/n1/2020/0910/c1001-31855748. html.

② 叶凤. 武汉市依法精准有序开展封闭管理小区动态调整［EB/OL］. ［2021-08-15］. https：// new. qq. com/rain/a/20210813A0CWHV00.

到防控不松懈，保证新冠肺炎疫情不反弹。

"晴天带伞"是要树立树牢疫情常态化精准防控意识，做到有备无患。人们已经习惯了没有新冠肺炎疫情的"晴天"环境，但后面出现零星散发甚至局部聚集性疫情的风险依然存在，"雨"也许还会再来，因此需要利用全媒体开展防疫宣传，养成科学佩戴口罩、勤洗手、保持社交距离、加强通风消毒等卫生习惯和生活方式。同时，周期性地开展全员核酸检测，筑牢常态化疫情防控的社会大防线。

"撑伞避雨""打伞干活"体现的理念是一旦出现新冠肺炎疫情，应该马上局部闭环处置，同时保证精准管控和有效救治。如果零星的"雨"来了，就一手"打伞"、一手"干活"。若出现新冠肺炎疫情应该在最短时间内采取最有力措施把"雨"控制在最小范围，确保不扩散不蔓延。

"修伞补强"的要求是根据之前防疫出现的漏洞，抓紧时间找弱项、补短板、堵漏洞。"伞"坏了就要在"雨"停止时及时把伞架修好、窟窿补好，保证后面少淋"雨"或者不淋"雨"。"亡羊补牢，为时未晚"是各级防疫体系应该坚持的理念。

5.4　案例使用说明

5.4.1　案例价值

（1）专业元素。根据项目风险评估结果，确定相应的风险应对策略，包括预防、规避、转移、减轻和接受。总体来看，预防优于应急。此外，项目风险管理过程是一个动态循环的过程，需要根据风险的实时状态调整相应的应对策略。

（2）思政元素。在防疫过程中，我国党中央和政府充分考虑民生，坚持"一切以人民为中心"的执政理念，根据不同的风险等级，采取差异化的疫情防控和保障民生的措施。另外，习近平总书记在党的十八届一中全会上指出："面对复杂多变的国际形势和艰巨繁重的国内改革发展稳定任务，我们一定要居安思危，增强忧患意识、风险意识、责任意识，坚定必胜信念，积极开拓进取。"这一点和抗击新冠肺炎疫情采用的精准防控理念不谋而合，风险管理正是要培养忧患意识，未雨绸缪则强调事先预防而非临时补救。

5.4.2　教学安排

5.4.2.1　课前预习和案例导入

学生自己观看上传到线上教学平台的两篇案例资料（详见案例资料来源），并考虑以下问题：

（1）封闭区、封控区、防范区的划分依据和标准是什么？如何实现动态转化？

（2）项目的风险应对措施有哪些？"晴天带伞""撑伞避雨""打伞干活""修伞补强"分别对应着哪些应对措施？

5.4.2.2　课堂教学

首先复习项目风险管理的动态循环过程（见图5-2），包括风险识别、风险分析、风险应对和风险控制，项目风险评估的过程以及项目风险等级的判定结果。风险等级评估结果是风险应对的主要依据，风险应对和风险控制是这次课要介绍的主要内容，项目风险的应对措施包括预防、规避、减轻、转移、接受。

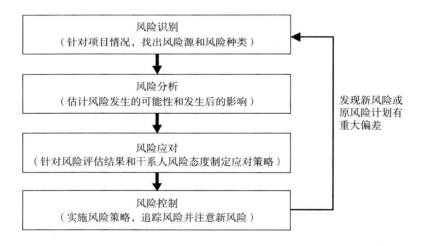

图5-2　项目风险管理过程

根据项目风险评估等级和如图5-3所示的风险应对措施，就可生成如表5-1所示的项目风险管理计划。

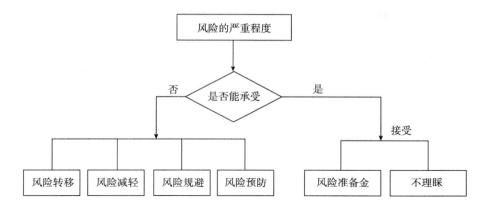

图 5-3 风险应对策略

表 5-1 项目风险管理计划

序号	风险名称	风险描述	发生可能性	后果	预防措施	应急对策	责任人

5.4.2.3 知识点和案例内容的结合

（1）武汉小区封闭区、封控区、防范区的动态更新。新冠肺炎疫情防控期间的武汉抗疫活动符合项目的特点，其项目风险管理过程如图 5-2 所示。武汉市封闭区、封控区、防范区的划分是根据区域所处的风险等级来划分的。阳性个案的发现点、居住点、工作点、活动点及周边区域属于高风险区域，风险等级属于高风险，将其划分为封闭区，实行"封闭隔离、足不出户、服务上门"等严格的管理措施。在封闭区所有人员前 7 天的每一天及第 10、第 14 天各做 1 次核酸检测，当封闭区内的最后一例阳性病例隔离管控日期起计算 14 天内，如果无新增病例感染者，则该区域的风险等级降为中等风险，该区域解除封闭改为封控区。封控区的风险应对措施和封闭区的应对措施不同，实行"只进不出，严禁聚集"的管理措施，与封闭区的管理措施具有较大差异。

封闭区改为封控区的过程，体现了图 5-2 中的风险管理过程是一个循环过程，间隔一段时间后重新评估风险，确认是否有新的风险以及风险等级是否有新的变化，根据重新评定的风险等级再制定相关的应对措施，体现了因时因势调整封闭管理措施的精准防控模式的内核。

（2）不同风险应对措施的应用。项目风险的应对措施包括预防、规避、减轻、转移、接受（主动接受和被动接受），不同措施的采用依据是风险评估等级。"晴天带伞""撑伞避雨""打伞干活"等防控措施很好地体现了项目风险管理中的预防措施和应急对策在不同情境下的运用。

"晴天带伞""修伞补强"是风险的预防措施，具体就是养成科学佩戴口罩、勤洗手、保持社交距离、加强通风消毒等卫生习惯和生活方式。同时，周期性地开展全员核酸检测也是项目风险预防的应对方式，通过周期性的核酸扩面筛查可以筑牢常态化疫情防控的社会大防线。"修伞补强"要根据之前防疫出现的漏洞，尽快找弱项、补短板、堵漏洞。"修伞补强"的目的是为了保证后面少淋"雨"或不淋"雨"。

"撑伞避雨""打伞干活"是风险的应急对策，当发现确诊病例时，迅速划分封闭区、封控区和防范区，分类采取不同的差异化管理措施（封闭区完全隔离，封控区部分隔离，防范区采用两点一线的管理措施）。

此外，"撑伞避雨""打伞干活""修伞补强"，很好地体现了防控和发展兼顾的对策，做到了疫情常态化防控和发展的和谐统一。这充分体现了我国党中央和武汉市政府考虑民生并坚持"一切以人民为中心"的执政理念，统筹推进疫情防控和经济社会发展。

（3）忧患意识的具体应用。习近平总书记指出："面对复杂多变的国际形势和艰巨繁重的国内改革发展稳定任务，我们一定要居安思危，增强忧患意识、风险意识、责任意识，坚定必胜信念，积极开拓进取。"这一点和项目管理中的风险管理理念不谋而合，风险管理正是要培养忧患意识，未雨绸缪，强调事前预防。当风险转变为危机时也要迅速采取及时的应急对策。

5.4.3 课后回顾

思考：项目管理风险管理理念和过程在武汉市精准防控过程中的具体应用有哪些？结合案例举例说明。

5.5 特色和创新点

（1）案例的选择和课程的知识点高度融合。"晴天带伞""撑伞避雨""打伞干活""修伞补强"和项目管理课程风险管理中的风险应对知识点高度吻合。封闭区、封控区、防范区的动态划分和调整与项目风险管理中风险识别、风险分析知识点高度吻合。

（2）"晴天带伞""撑伞避雨""打伞干活"很好地体现了项目风险管理中的预防措施和应急对策在不同情境下的运用。"晴天带伞"是风险的预防措施（具体就是戴口罩、勤洗手、保持社交距离、周期性地核酸扩面筛查）。"修伞补强"要根据之前防疫出现的漏洞，抓紧时间找弱项、补短板、堵漏洞，目的是为了保证少淋"雨"或不淋"雨"。"撑伞避雨""打伞干活"是风险的应急对策。当发现确诊病例时，迅速划分封闭区、封控区和防范区，分类采取不同的差异化管理措施（封闭区完全隔离，封控区部分隔离，防范区采用两点一线的管理措施）。

（3）针对不同区域的风险等级，采取了不同的管控措施，但在所有的管控措施里面都是从保证广大人民群众的身体健康、解决民生问题入手的。例如，在封闭区里面志愿者和党员服务上门，在封控区里面每家可以有1人外出采购生活必需品，在防范区里面保证正常上下班。这充分体现了我国党中央和武汉市政府考虑民生、"一切以人民为中心"的执政理念，统筹推进新冠肺炎疫情防控和经济社会发展。这和习近平总书记说的忧患意识、风险意识以及积极开拓进取的理念非常吻合。

5.6　效果体现

学生通过观看视频、阅读案例资料、课堂讨论、课后知识回顾汇报等方式，掌握本课程的知识点、思政元素和思政内容，达到润物细无声的效果。

6 功崇惟志，业广惟勤：从中国天眼选址过程中思考

——物流中心设计与运作课程思政教育教学典型案例

徐贤浩

6.1 课程的基本信息

6.1.1 课程简介

随着我国经济的迅猛发展，企业面临的竞争环境日趋严峻。人们已经认识到，要想提高整体竞争力，企业不仅要在产品开发、生产、销售等核心领域取得竞争优势，在物流管理乃至整个供应链管理上也应该拥有自己的竞争优势。物流中心设计与运作是物流管理专业的一门必修课。该课程以物流中心、物流配送中心等综合性物流设施为背景来介绍物流设施规划与设计的相关理论和方法，侧重培养在物流设施规划设计和管理方面具有理论知识扎实、业务能力过硬的高素质人才。

6.1.2 课程内容

物流中心设计与运作课程内容如图 6-1 所示。

6.1.3 课程目标

（1）知识目标。使学生了解物流中心、物流配送中心在现代物流系统中的地位和作用；使学生获得必要的物流中心、配送中心规划与选址方面的基本知识；使学生系统掌握物流中心、物流配送中心的建设程序及基本要求。

（2）能力目标。培养学生能够对物流中心、配送中心项目进行规划设计和管理的能力。

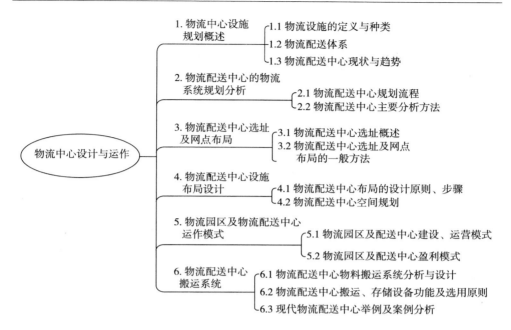

图 6-1　物流中心设计与运作课程内容

（3）思政目标。本课程在人才培养目标中的价值引领方面体现出"立德树人""推进社会主义核心价值观教育"的育人思想，在课程教学中融入课程思政，以物流管理人才职业道德和企业精神为课程思政提供丰富资料。

6.1.4　授课对象

本科生；物流管理专业学生。

6.1.5　使用教材

徐贤浩．物流配送中心规划与运作管理（第 3 版）［M］．武汉：华中科技大学出版社，2021.

6.1.6　课程课时

40 学时。

6.2 示例章节信息

6.2.1 教学章节

第三章第一节：物流配送中心选址及网点布局——物流配送中心选址概述。

6.2.2 教学内容

（1）案例导入。大开"眼"界：从物流配送中心的选址看中国天眼的选址。

（2）知识讲授。物流配送中心选址考虑的主要因素、物流配送中心选址因素的进一步探讨、物流配送中心选址的决策步骤。

（3）课堂总结。本节内容小结与课后学习任务布置。

6.2.3 教学目标

（1）识记物流配送中心选址的基本含义和意义。

（2）领会物流配送中心选址考虑的各类因素及其区别。

（3）应用物流配送中心选址分析的实际案例，掌握选址的步骤，解决实际问题。

（4）推进社会主义核心价值观进入课堂，通过在引例中导入科研团队在确定选址过程中克服的种种艰难困阻，强调敬业精神在科研工作中的重大意义，树立学生尊重自身专业、"干一行爱一行"、遇到困难不退缩的责任意识。

6.2.4 教学课时

2学时。

6.3 案例介绍

功崇惟志，业广惟勤：从中国天眼选址过程中思考①

2020 年 1 月 11 日，500 米口径球面射电望远镜（FAST）正式开放运行，它被建在贵州喀斯特地貌天然形成的洼地中，被称为"中国天眼"。FAST 拥有 30 个足球场大的接收面积，可以实现大天区面积、高精度的天文观测，是目前世界上口径最大、最具威力的单天线射电望远镜，其设计综合体现了我国高技术创新能力，在我国日地空间环境研究、国防建设和国家安全等方面发挥着不可替代的作用。

那么，为什么将中国天眼建在贵州的深山里？这就涉及天眼的选址过程。在选址时，需要考虑的影响因素有很多，首先是海拔条件和地貌要求，初步选定地理位置。作为射电望远镜，需要建造一个"大锅"接收信号，通过"锅"的反射聚焦，把大面积的信号聚拢到一点上。"锅"的面积越大，接收的信号越好，为了减少工程的开挖量，项目最好选择凹形口径较大的洼地。青藏高原虽然在海拔上占据优势，但由于群山延绵、冻土广布，施工难度极高；而喀斯特地貌广布的云贵高原是绝佳选择。其次是要选定备选地址。当时没有现成的资料，可用的技术手段又非常有限，因此只能一个一个地找。科研团队从 1∶50 万的地形地质图看起，根据岩石的分布特征确定了洼地肯定不会出现的地理位置，随后地质图被精确到 1∶10000，最后在仔细查看 8000 多幅图后，找出来 1 万多个备选地点。找到备选地点后，就需要对备选地点进行进一步优化，缩小选址范围。2003 年 7 月，经过数次筛选，一个由 743 个备选洼地组成的数据库正式形成。接着团队评价每一个洼地的情况，包括其岩体结构、水文情况、长短轴比例、挖填方率是否合适；闭合情况、几何形状是否达标；地质灾害、气象条件、无线电环境等是否满足条件等，若满足则进入核心备选，若不满足则排除，经过团队的努力又将范围缩小至 82 个。经过两个多月的实地调查后，科研团队计划开发出一套"洼地三维仿真和台址优选"仿真系统，用来计算每个洼地最合适建多大口径的望远

① 张沛，袁超 . 中国天眼选址的影响因素分析［J］. 现代工业经济和信息化，2017，7（24）：19-21；白皓，王景烁 . 揭秘"中国天眼"选址过程：从找到一万多个"窝"开始［EB/OL］.［2016-09-21］. http：//www. xinhuanet. com/politics/2016-09ht/c_129298888. htm.

镜，并将目标函数设置为建设工程最小。在该仿真系统的支撑下，通过专业的定性分析和定量计算，科研团队得出"大窝凼"最符合 FAST500 米口径的需求，这里地下溶洞发育多，便于雨水下渗和流动，不易形成积水，可以有效避免腐蚀和损坏望远镜；且由于所处地区偏远，电波的干扰也小，像是为天眼量身定做的。最后，在经过长达一年的无线电环境检测和气候环境监测后，于 2006 年正式确定选址贵州平塘"大窝凼"为天眼建造地。

6.4 案例使用说明

6.4.1 案例价值

（1）专业元素。物流配送中心的选址和布局，通过引导学生从物流配送中心选址应考虑的因素和决策步骤视角对案例进行分析，对于物流配送中心的选址问题，由于涉及企业的战略规划，在前期要做大量的工作，考虑各类因素，在选址过程中也要遵循一定的步骤，不可急于求成。只有经过不懈的努力，才能像"中国天眼"一样做出完美的决策。

（2）思政元素。社会主义核心价值观——敬业，通过上述案例号召学生作为新时代的"弄潮儿"，要秉持对自己所从事的工作及学习负责的态度，热爱本职工作，严格遵守职业道德，忠于职守，持之以恒。

6.4.2 教学安排

（1）案例导入——初识选址过程。在案例导入过程中，首先引出案例的"主角"为中国天眼，介绍案例梗概和目前中国天眼所取得的成就。其次通过引出"为什么要将中国天眼建在贵州的深山里"的问题，详细介绍天眼的选址过程。在案例讲解过程中，有机融入选址过程的各个步骤。第一步是考虑选址的影响因素，讲解天眼在选址过程中所考虑的四大因素，包括海拔要高；地形应具备"凹形"地理结构，这样可以减少工程开挖量，有利于接收信号；最好是喀斯特地貌，该地貌地下溶洞发育多，便于雨水下渗和流动，不易形成积水，可以有效避免腐蚀和损坏望远镜；必须远离城市、村落和信号基站，防止电波干扰天眼的磁场。第二步是设定备选地址，这一部分要突出确定备选地址过程的艰辛。由于当时没有现成的资料，技术手段又非常有限，所以科研团队只能一个一个地找，从 1：500000 的地形地质图看起，精确到 1：10000，在一张张茶几大小的图上沿着密密麻麻的等高线"找圈圈"，夜以继日，看了8000多幅图，最后才找出10000多个洼地。第三步是优化备选地址。在这部分讲解过程中要融入社会主义核心价值观——敬业，凸显科研团队在当时落后的环境中克服重重困难，最终确定选址位置的敬业、尽责和大无畏精神。科研团队经过数次筛选，建立了由743个备选洼地组成的数据库，再以更苛刻的指标评价这700多个备选洼地，才将范围缩小至82个。然后科研团队又进行了长时间的实地考察，穿梭于贵州各座山之间，跋山涉水，观察岩体和地质结构、山体里的水系、挖填方率、洼地的闭合情况和几何形状、气象条件、无线电环境等情况，不断优化，开发出一套"洼地三维仿真和台址优选"仿真系统。在系统的支撑下，又经过专业的定性分析和定量计算，才将位置着眼于"大窝凼"，最后经过长达一年的无线电环境检测和气候环境监测，最终将选址位置定位在"大窝凼"。在讲解过程中，要注意强调科研团队在确定天眼的选址中所付出的时间和精力。

（2）讲解概念——识记选址考虑的因素。首先介绍物流配送中心选址的意义，优化物流中心选址不仅对物流系统的效率和运行成本有重要影响，而且对企业发展的战略决策问题也有影响。其次讲解物流配送中心选址考虑的主要因素，包括社会环境因素、自然环境因素、经营环境因素、基础设施因素和其他因素五大类（见图6-2）。最后将物流配送中心选址问题进一步划分，对于不同的设施，选址需要考虑的核心因素有所不同。

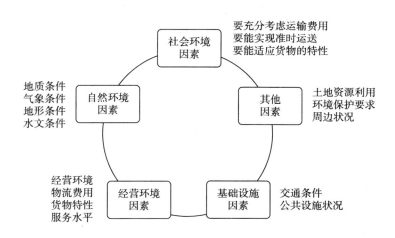

图6-2 物流配送中心选址考虑的主要因素

（3）结合分析——领会选址步骤的精髓。强调选址是一项具有科学性、严谨性的工作，需要遵循一定的流程（见图6-3），在最终方案确定前要耗费大量

管理学类课程思政案例教学设计与导引

的时间，且不容有失。正如中国天眼的选址，其中任何一个环节出了问题，都会影响最终的结果。科研团队在选址过程中所投入的精力，无论是建立数据库、实地考察，还是建造仿真系统，无不体现科研的严谨性以及科研工作者的敬业精神。由此联系学生自身，呼吁学生认真学习专业知识，同时要坚持实事求是原则，不可学术造假。

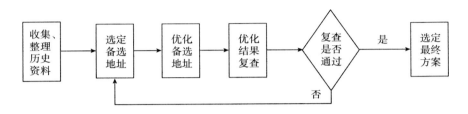

图6-3　物流配送中心选址流程

（4）课堂总结——应用配送中心选址。总结本次课所讲授的课堂内容。同时，为了学以致用，培养在实际案例中分析问题、解决问题的能力，布置课后作业，利用所学知识回答问题。

6.5　特色和创新点

（1）思政教育融入课程案例，不仅能够学到专业知识，还能有效克服专业内容和思政内容脱节的问题。在本科学习阶段，专业课往往和思政课相互独立，没有进行有效的结合。由于思政课的教师往往不具备各个专业的专业知识，因此无法进行详细的讲解。另外，由于专业课程的课时被不断压缩，导致很多教师反映没有时间讲解思政内容。本课程将思政专题案例《大开"眼"界：从物流配送中心的选址与布局看中国天眼的选址》作为导入案例，不仅与课程内容密切相关，而且深入挖掘导入案例中的思政元素和素材，利用该方法可以将思政教育与专业教育有机融合，将思政内容隐性化于导入案例的同时有效克服了思政内容与专业内容脱节的问题。

（2）本教学安排遵循"初识选址过程—识记选址考虑的因素—领会选址步骤的精髓—应用配送中心选址"的思路，结合"社会主义核心价值观之———敬业"思政元素，寓价值观于专业知识和能力培养中。首先通过本课程内容的学习，让同学们对选址过程产生初步印象；其次在识记选址需要考虑的主要因素以

·50·

及选址的种类划分的基础上，对中国天眼选址范围的确定有进一步的了解；再次深挖案例中的科研团队在选址中所付出的艰辛劳动以及科研工作的性质，领会选址背后的精髓所在，巧妙与思政元素——敬业结合起来；最后应用所学知识分析和解决实际案例中的问题，完成从"识记"到"领会"再到"应用"的过程。通过专业知识与思政内容的相结合，在教学的同时弘扬了社会主义核心价值观，体现出"立德树人""推进社会主义核心价值观教育"的育人思想。

6.6　效果体现

（1）掌握专业基础知识。识记物流配送中心选址的意义，了解到优化物流配送中心选址不仅对物流系统的效率和运行成本有重要影响，而且是企业发展的战略决策问题；识记物流配送中心选址需要考虑的五大因素以及对这些因素的进一步探讨。

（2）具备实务工作能力。能够根据选址的影响因素，按照选址的决策步骤完成企业项目的选址，从而帮助企业降低物流成本，提升战略价值。

（3）树立敬业意识。通过在引例《大开"眼"界：从物流配送中心的选址与布局看中国天眼的选址》中导入科研团队在确定中国天眼选址过程中所付出的艰辛，强调敬业精神在工作及学习中的重要性，鼓励学生树立职业理想，尽职尽责；勤勉工作，脚踏实地；锐意进取，不断创新；培养同学们不怕困难、迎难而上的大无畏精神。

7 学做组织建设的高手：三湾改编的思路与启示

——人力资源管理课程思政教育教学典型案例

周二华　郭　晨

7.1 课程的基本信息

7.1.1 课程简介

人力资源管理是管理学专业的一门核心课程，也是企业各级管理者的基本职责和技能，人力资源管理的好坏直接影响企业战略目标实现及核心能力提升。然而，由于人力资源管理具有社会性、周期性、时效性、连续性等复杂的特征，需在注重理论与实践相结合的同时，不断适应新形势的变化，因此如何做到教学内容的与时俱进，并确保学生吸收的观点、掌握的知识和方法能够迎接新的管理挑战，是我们一直思考的问题。

7.1.2 课程内容

人力资源管理课程以"新文科"建设为指导，针对传统以"教"为中心的培养模式造成的教学困境，本着"传经国济世之道、传明体达用之法、育抱璞开新之才"的教学理念，借助信息化技术，通过打造基于"体验式"学习圈教学模式，培养具有专创融合、德能兼修的管理人才（见图7-1）。在课程内容体系上，涉及认知、情感、态度、价值观、工作动机、团队协作、文化自信、创新变革等知识点，教学中针对大学生成长特点，聚焦新时代青年思想引导，着眼学生道德素养的熏陶濡染。针对不同班级，设计课堂"线上+线下"混合式教学模式，将讲授法、案例分析法、角色扮演法相结合，应用体验式教学提升学生的持续参与度和卷入度，并在每次课程讲授后设计多种延续性教学任务。除此之外，注重与学生特点相结合设计教学手段，线上教学手段主要包括云班课、商业平台实训对抗以及超星和智慧树平台延展教学等，从而全方位提升教学效果。在混合式教学的多个环节也不断融入思政元素，注重理论联系实际，在场景化问题分析的过程中，不断提升学生的职业成熟度和可就业能力，引导学生用所学的理论知识分析和解决现实问题，灵活迁移转化，学以致用，实现人才的可视化成长。

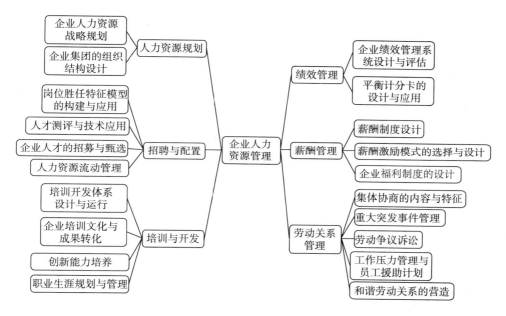

图 7-1　人力资源管理课程的主要内容

7.1.3　课程目标

（1）知识目标。通过本课程的学习，使学生了解我国企业人力资源管理的现状和问题；树立正确的人力资源开发与管理理念；熟悉现代企业人力资源管理的基本理论；掌握人力资源管理的基本知识和基本方法。

（2）能力目标。学会运用现代企业人力资源管理的理论和方法分析并解决企业及组织发展中遇到的一般人力资源问题。

（3）思政目标。通过本课程所蕴含的丰富德育元素，强化学生在人力资源管理方面的大局意识和责任担当意识，树立终身学习的自我发展意识、诚信就业的法律意识，培养学生正确的择业观、公平参与人才市场竞争的发展观等，从而帮助学生能够更好地认识自我、发挥自身人力资源的最大价值。

7.1.4　授课对象

本科生。

7.1.5　使用教材

董克用，李超平．人力资源管理概论（第 5 版）［M］．北京：中国人民大学出版社，2019.

7.1.6　课程课时

32 学时。

7.2　示例章节信息

7.2.1　教学章节

第三章第二节：人力资源管理的组织基础——组织结构。

7.2.2　教学内容

组织设计是对企业的组织结构及其运行方式，组织设计是对企业的组织结构及其运行方式所进行的设计，基本内容包括以下两个方面：

（1）组织结构设计。一是对新建公司的组织架构设计，是根据公司的策略与目标，对组织架构做出的新设定；二是对现有企业的再组织结构设计，是指基于公司的战略变化与发展目标，对公司既有组织架构进行的再设计，即企业组织架构的再变化。

（2）保证组织正常运行的各项管理制度和方法设计。包括对企业组织架构运作流程中的横向协作、内部管理标准、业绩考评体系、责任奖惩体系、人员配备、人才培养制度和发展系统等方面的设计。现代的组织设计理论都是动态的，因此需要特别重视对组织结构设计与运行机制设计两方面的研究。

7.2.3　教学目标

（1）知识目标。通过本课程的学习，使学生了解组织的概念及理论；组织与管理之间的关系；组织设计的原则、影响因素与类型选择，组织变革过程等内容。

（2）能力目标。使学生在掌握基本理论的同时，能具备较强的认识和分析组织管理问题的能力，能够进行初步的组织设计。

（3）德育目标。通过党史学习和案例讨论，将正确的人生观、价值观、人才观渗透到课堂教学全过程，不断提升学生的专业素养、思想素养和道德品质。培养学生具有积极向上、敬业爱岗、乐于奉献、诚信守法的价值取向，良好的人文社科素养，较强的社会责任感和良好的职业道德。

7.2.4 教学课时

1学时。

7.3 案例介绍

学做组织建设的高手："三湾改编"的思路与启示

秋收起义是毛泽东第一次带兵打仗，虽然失败了但他必须想办法保住和把握住这支革命武装。在行军路上，带着脚伤的毛泽东一路调查研究，尝试解决问题。毛泽东当时说："我观察过，凡是拥有一定数量党员的连队，士气就高，作战英勇，长官也能得到有效的民主监督。"他对何挺颖任党代表的连队印象特别深刻，他所在的连优秀的党员非常多，具体可以表现为没有逃兵。毛泽东曾多次找何挺颖谈话，何挺颖说："我看要从军队的党组织去考虑。部队党组织太少，党员人数也不多，这样就抓不住士兵。"

除了何挺颖，为了更充分地了解北伐军党组织建设情况，毛泽东还与宛希先、何长工、韩伟等同志谈话。共产党员以军官为主体，起始只有20余人，没有一个士兵党员。在这样的形势下，毛泽东决定再发展一支新型革命军队。

毛泽东的主要思路是：抓部队必须抓住士兵，抓住士兵则必须从基层抓起。从连队开始，形成连有支部，排有小组，班有党员。然而当时的局势是连队几乎没有党员，只能先从连队建立士兵委员会开始，在连党代表指导下开展工作。士兵委员会的职责是优先解决官兵伙食一致和官长打骂士兵的问题，以连党代表为主建立支部。值得注意的是，需要依靠党的基层组织从下往上开展工作，不能像旧军队那样靠军官一级一级抓部队。

在江西永新三湾村，毛泽东宣布了五项整编措施，特别是党组织实行支部建在连上，设党代表，增加基层军官和士兵为前委委员；连队建立士兵委员会，以管理伙食为起点，实行内部民主管理制度。"三湾改编"以后，为落实支部建在连上，6 名士兵经毛泽东亲自推荐入党。

建党建军的一项基本原则和制度是"支部建在连上"。这项制度确立了中国共产党对军队的绝对领导，也从此奠定了中国人民解放军未来发展壮大的基调和底色。

7.4 案例使用说明

7.4.1 案例价值

（1）专业元素。基于组织的概念及理论，引导学生理解组织与管理之间的关系，以及组织变革过程等内容，使学生学史明理、学史增信、学史崇德、学史力行。

（2）思政元素。"支部建在连上"，成为中国共产党将马克思主义的建设理论与中国革命具体实践相结合的产物，这个组织形式和机制能够牢牢抓住普通党员。"支部建在连上"，不仅使党的路线、方针、政策落实到基层有了无可取代的制度构架，也为基层党支部在基层发挥领导核心作用、联系群众和党员的桥梁和纽带作用奠定了基础。中国共产党领导下的新型人民军队初步建立便以此为基础，在中国人民解放军的建军历史上有重要的意义。其中的思政元素主要包括：

一是让学生认识到中国共产党成为世界上最大的一个执政党组织，历经百年却仍然充满活力。这可以说是人类奇迹，一个常青的百年组织肯定有很多"秘诀"值得其他组织好好学习，使学生有正确的价值意识，知道权衡轻重。

二是通过阐述党的辉煌成就、艰辛历程、历史经验、优良传统，使学生在深刻领悟中增强对马克思主义、共产主义的信仰，增强对中国特色社会主义的信念，对实现中华民族伟大复兴的伟大目标充满信心。信仰、信念、信心，在任何时候都至关重要。

三是培养学生传承红色基因，包括对高尚的道德品质的涵养，对党忠诚的大德的崇尚、对造福人民的公德的激励、对严于律己的品质的培养、对学生进行奋斗观的教育。

7.4.2　教学安排

（1）教学方法：讲授、视频、案例、小组讨论。

（2）实施过程：①课前布置学生阅读本章教材内容，查阅中国共产党党史中有关"支部建在连队上"的文献资料和现代企业向解放军学管理的实践案例。②学生课上独立思考、阅读文献，课下以小组为单位展开讨论，准备案例分享的展示材料。③教师课上讲授组织的概念、理论及其发展的历史，列举主流理论和代表人物。④教师课上播放"三湾改编"相关视频，回顾案例内容，提出问题。⑤开放式课堂讨论，让学生畅所欲言：历史上，党和领导人是如何使红军艰难奋战而不溃散的？"抓住士兵就抓住一切"，如何做到抓住士兵的？结合现代企业的特点和国家发展的要求，该案例对员工队伍建设的启示有哪些？⑥该案例的学习对你个人有何启发？⑦学生课堂展示分享：现代企业是如何向解放军学管理的——阿里巴巴的政委体系和华为的 HRBP 体系。

（3）教师总结：①学习和教学方法的总结：本课程学习的"一二三四五"多元结构化思维方法和学习模型。第一，熟读教科书；第二，梳理学科史和社会发展历史，熟悉主流理论学派和代表人物；第三，了解大量案例与企业社会实践；第四，搭建逻辑框架，形成模型网络；第五，执一而牧天下，一眼洞见本质，形成解决方案。②课程和案例启示的要点总结：大多数企业在创业阶段的时候，条件是比较艰苦的，一方面如何能吸引人加盟，另一方面如何保证队伍艰苦奋斗而不溃散，这是非常重要的现实问题，是企业生存发展的根本。

愿景牵引。未来你所从事的事业有什么意义？必须有超越利益之上的追求。同时让员工觉得这家公司不仅是谋生手段，更是一个集体奋斗的平台、成就自己的平台，员工除了谋生以外，实际上有一种超越谋生的成就感。员工为使命愿景奋斗的同时，也会实现自己的目标。

调动员工的积极性和创造性，不断提升自己的绩效，实现公司的目标。知识经济时代下，知识成为创造价值的主要因素、知识成了一种重要生产资料、知识在员工脑袋里、知识和员工是一体的、知识这种生产资料会随着知识员工本身一起流动，所以知识员工及其管理将成为公司的核心竞争力。

第一，知识员工是公司重要资产。知识员工更看重的是成就感，除了物质激励外，更要追求精神激励，期望生活更有意义、更美好。现在很多企业设置专门的 HRBP 岗位，也就是业务伙伴岗位，这个岗位的要求就是对员工的思想状态以及长处有相对精准的了解，把员工用在合适的岗位上，发挥他们的长处。

第二，让员工有成就感。知识员工成就感还体现在他们有个相对透明清晰的成长通道。员工达到了什么条件就在什么位置上，"自己的命运，自己做主"，尽量减少"人为干扰"。

第三，归属感、参与感、规则透明与前置。文化认同就是一种归属。公司为员工提供一个奋斗的舞台，汇集奋斗者为客户创造价值，为使命愿景而战。公司的机会向奋斗者倾斜，同时构建一套公平公正的机制，每个人凭借着贡献获取报酬。

面向未来，当机会来临的时候，必须有效组织更强的队伍去把握更大的商业机会。队伍建设必须适应快速扩张，组织必须学会和"陌生人"打交道。随着组织规模快速扩张，必须通过相应机制来管理人员，而这种规则机制必须透明且前置，才能起到牵引人才队伍，凝聚队伍，聚焦为客户创造价值。只有靠规则机制去管理，才能建立更大的员工队伍，并不断优化迭代。

（4）未来号召与展望：号召学生继续学习党史，持续不断向党史学管理，挖掘管理思想的中国元素和中国特色。倡议关注观看《红船》和《三湾改编》两部电影，引发学生的学习兴趣。

7.5 特色和创新点

（1）课程内容专业性强。讨论的内容都是围绕本章的教学重难点和教学目标。涉及企业人力资源的主要工作，涵盖很多人力资源的专业知识。

（2）课程思政贴合度高。本案例的教学真正做到了学史明理、学史增信、学史崇德、学史力行。2016年5月17日，习近平总书记在哲学社会科学工作座谈会上发表重要讲话，提出构建中国特色哲学社会科学要在"指导思想、学科体系、学术体系、话语体系等方面充分体现中国特色、中国风格、中国气派"。引领了青年学子构建立足中国的全球视野和包容胸怀，以更加扎实、艰苦和严肃的学习作风，向全世界讲好中国故事，"让世界更好认识中国、了解中国"，积极着力于构建中国特色管理学科体系。

（3）话题选择时效性强。2021年7月1日，中国共产党迎来百年华诞。近两年全国各类组织更是掀起了学习中国共产党党史的热潮，蔚为大观。

（4）学习方法体系性强。教学过程构建了"一二三四五"的多元结构化思维方法和学习模型。本模型具有两个明显的特点：一是多元，能跨学科跨领域思考，体现思维的开放性与多元化，是世界普遍联系本质的表达；二是结构，能规模化深度思考，体现思维的深刻性与严谨度，是世界矛盾特殊性本质的表达。这个模型可以让学生对"问题"建立正确认知，在面对"问题"时，能够系统思考并找到解决方案。

（5）课后学习拓展性好。管理学学习中一直注重追溯与还原管理思想的发展历史，但很多管理理论起源于西方，文化和背景知识的缺失导致学生不太容易理解。本案例选用中国共产党的实践，基于学生对我国历史文化的了解，让学生从源头去了解这些优秀做法是怎么形成的，从源头弄清楚"为什么"，从而掌握精髓，更容易与企业实际问题联系起来。中国一些优秀企业都会有意识地从中国共产党的历史中汲取组织建设和队伍建设的智慧，如"支部建在连队上"的政委制，"战略决定下来后，干部就是首要问题"的干部队伍建设，等等。

7.6　效果体现

本课程贴切自然地将"思政元素"融入专业知识的学习和技能的培养中。在潜移默化中培养学生的专业认同、职业伦理、社会责任，让学生从专业的视角理性、客观地分析问题。

学生纷纷感慨中国共产党历经百年，至今仍然充满活力。这其中的"智慧"博大精深，值得各类组织深入学习，并把好的做法直接应用到各自的组织建设中去。中华人民共和国成立后，宏观的国家治理和微观的企业组织的管理等众多方面都取得了举世瞩目的成就，这背后深厚的文化力量绝不可忽视。因此，深入底层文化，扎实地挖掘中国文化对中国管理实践的推动力及其规律，寻找管理学中的"中华民族基因"，是当今中国管理学学子的历史责任。

学生在本课程的其他章节学习中学会自主思考人力资源在组织中的地位，认真剖析党和国家的人才战略思想，共同研讨习近平总书记的"人才观"，从"识才""爱才""用才""容才""聚才"等多角度探讨人才强国战略。

这样的学习模式和内容显著提高了学生的参与度和积极性，使学生在更为透彻学习专业知识、构建正确的价值观的同时，理解了坚定正确的政治信仰的意义。

8　"唤醒内心，知行合一"：从德鲁克的七段经历看职业与人生规划

——人力资源管理课程思政教育教学典型案例

周二华　郭　晨

8.1　课程的基本信息

8.1.1　课程简介

人力资源管理是为管理专业学生开设的专业必修课。本课程主要从人力资源管理是现代组织获得竞争优势的有利工具的角度来分析现代组织为什么要实施和如何实施人力资源管理。本课程的教学重点在于以人力资源管理理论为基础，着重人力资源管理技术的运用。学习本课程应预修的课程为管理学、组织行为学，同时本课程的学习也可为国际人力资源管理、人才测评与招聘、培训与开发、员工职业生涯规划、绩效管理、薪酬管理等课程的学习打下基础。学习本课程的最终目的是帮助现代组织选好和用好人力资源这一主体性生产要素，确保组织拥有适当的人力资源来完成组织使命，增强现代组织的核心竞争力。科学的人力资源管理理论具有务实性，有利于帮助本专业的学生形成新的管理理念，因而在本课程体系中占有重要的地位。

8.1.2　课程内容

人力资源管理课程以"新文科"建设为指导，针对传统以"教"为中心的培养模式造成的教学困境，本着"传经国济世之道、传明体达用之法、育抱璞开新之才"的教学理念，借助信息化技术，通过打造基于"体验式"学习圈教学模式，培养具有专创融合、德能兼修的管理人才。课程内容涉及认知、情感、态度、价值观、工作动机、团队协作、文化自信、创新变革等，教学中针对大学生成长特点，聚焦新时代青年思想引导，着眼学生道德素养的熏陶濡染。

8.1.3　课程目标

（1）知识目标。通过本课程的学习，使学生树立现代人力资源开发与管理理念，熟悉人力资源管理的全过程，并培养学生综合运用工作分析、人力资源规划、人才招聘与选拔、培训与开发、绩效管理、薪酬管理等人力资源管理的核心技术和团队组建、管理沟通、简历筛选、面试、性格测试、职业定位与设计等人力资源管理的技巧，解决现代管理中如何提高员工个体的积极性、创造性和人力资源整体竞争优势的有关问题。

（2）能力目标。要求学生在掌握人力资源管理规律的同时，力求用现代人力资源管理理论去指导人力资源管理实务，确保组织拥有适当的人力资源完成组织使命，从而产生最大的经济效益、社会效益和环境效益。

（3）思政目标。坚持习近平新时代中国特色社会主义思想铸魂育人、贯彻党的教育方针落实立德树人根本任务，推进"四个自信"进课堂进头脑；培育和践行社会主义核心价值观；深化职业理想和职业道德。

8.1.4　授课对象

本科生；工商管理专业的学生（必修）。

8.1.5　使用教材

董克用，李超平．人力资源管理概论（第5版）［M］．北京：中国人民大学出版社，2019.

8.1.6　课程课时

32课时。

8.2　示例章节信息

8.2.1　教学章节

第七章第一节：职业生涯规划与管理——职业生涯规划与职业生涯管理概述。

8.2.2 教学内容

（1）职业、生涯、职业理想、生涯规划的基本概念及生涯规划的意义。
（2）职业生涯规划的内容以及影响生涯规划的因素。
（3）生涯规划的动态性、过程性、阶段性以及个性化特点。

8.2.3 教学目标

（1）知识目标。让学生了解职业、职业生涯、职业理想的内涵，理解职业理想对人生发展的作用，理解职业发展的阶段性以及规划对实现职业理想的重要性。

（2）能力目标。使学生掌握职业生涯规划的常用方法，形成职业生涯规划的能力，增强提高职业素质和职业能力的自觉性，做好适应社会、融入社会和就业创业的准备。

（3）德育目标。激发学生职业生涯发展的自主意识，促使学生形成正确的职业理想，形成既强调职业在人生发展中的重要地位，又关注全面发展和终身发展的价值取向。培养学生自强自信的心态，从个人实际出发，确定与自己实际情况相符合的发展目标，将只注重外在职业环境转变为注重自身内在就业能力提升，主动适应社会需要，成为一名合格的社会劳动者。

8.2.4 教学课时

2学时。

8.3 案例介绍

"唤醒内心，知行合一"：从德鲁克的七段经历看职业与人生规划

1909年11月19日，彼得·德鲁克出生于奥匈帝国统治下的维也纳，祖籍荷兰。1931年彼得·德鲁克获得法兰克福法学博士学位。1937年移民美国，曾在一些银行、保险公司和跨国公司任经济学家与管理顾问，1943年加入美国籍。彼得·德鲁克曾在贝宁顿学院任哲学教授和政治学教授，并在纽约大学研究生院担任了20多年的管理学教授。尽管被称为"现代管理学之父"，但彼得·德鲁克

一直认为自己是一名作家和老师。1942 年，受聘为当时世界最大企业——通用汽车公司的顾问，对公司的内部管理结构进行研究。

德鲁克一生著作丰富，按时间顺序来看他的代表作分别是：1946 年出版的《公司的概念》，"讲述拥有不同技能和知识的人在一个大型组织里怎样分工合作"。该书的重要贡献还在于首次提出"组织"的概念，并且奠定了组织学的基础；1954 年出版的《管理实践》，提出了一个具有划时代意义的概念——目标管理。从此将管理学开创成为一门学科，从而奠定他的地位，并标志着管理学的诞生；1966 年出版的《卓有成效的管理者》，告知读者：不是只有管理别人的人才称得上是管理者，在当今知识社会中，知识工作者即为管理者，《卓有成效的管理者》成为高级管理者必读的经典之作；1973 年出版的《管理：任务、责任、实践》，该书被誉为"管理学"的"圣经"，是一本企业经营者的系统化管理手册，为学习管理学的学生提供了系统化教科书，告诉管理人员付诸实践的是管理学而不是经济学，不是计量方法，不是行为科学；1982 年出版的《巨变时代的管理》，探讨了一些有关管理者的问题，管理者角色内涵的变化、任务和使命、面临的问题和机遇，以及发展趋势；1985 年出版的《创新与企业家精神》，被誉为《管理的实践》推出后彼得·德鲁克最重要的著作之一，全书强调目前的经济已由"管理的经济"转变为"创新的经济"；1999 年出版的《21 世纪的管理挑战》，彼得·德鲁克将"新经济"的挑战清楚地定义为提高知识工作的生产力，该书在多国畅销。彼得·德鲁克在《哈佛商业评论》上发表的文章已超过30 篇，被誉为"现代管理之父"。其著作影响了数代追求创新以及最佳管理实践的学者和企业家，各类商业管理课程深受彼得·德鲁克思想的影响。曾经有一位美国公司的经理写信向彼得·德鲁克报告说，他的经理班子对德鲁克发表的每一篇论文都要进行反复的探讨，并总结该企业可以从中得到的教益。对于管理学家来说，恐怕再也没有比这更高的奖赏了，毫无疑问，坚持这种做法的绝不仅限于上面提到的企业和他的经理班子。事实上，自从 20 世纪 40 年代管理学学术研究兴起以来，彼得·德鲁克的文章从来都是企业界，特别是一线经理关注的焦点和对比学习的标尺，他也因此而被誉为"美国公司总裁的导师"。彼得·德鲁克的著作不仅卷帙浩繁，而且包罗万象，阅读这些著作的价值在于学习他严谨有序的思想活动。

本课程的素材选自《管理：任务、责任、实践》（修订版）第 47 章，描述了激发、成就大师德鲁克的七段人生经历，让学生从管理学领域影响力最大的学者的经历中学习与感悟"一个人，特别是一个运用知识的人，要怎样才能取得成效？这样一个人，在生活与工作多年之后，在历经多年的变化之后，又怎样才能一直保持成效？"

8.4 案例使用说明

8.4.1 案例价值

（1）专业元素。①职业、生涯、职业理想、生涯规划的基本概念及生涯规划的意义；②职业生涯规划的内容以及影响生涯规划的因素；③生涯规划的动态性、过程性、阶段性以及个性化特点。

（2）思政元素。①让学生认识到树立正确的职业理想和人生目标的重要性，建立学生的专业自信，明确管理学专业与社会现实的关系，树立终身学习的理念，掌握如何将个人的成长和发展与国家和社会的需要相结合，敢于突破边界，构建发展台阶，制定科学发展措施，不断克服困难，脚踏实地地实现发展目标的方法；②达到了让学生从彼得·德鲁克的辉煌成就、成长历程、人生经验以及优良品质和学者风范中深刻领悟一个人如何一直保持成效、不断成长、不断改变，并在年龄不断增长的同时不断实现突破；③激发学生阅读经典著作的兴趣，培育学生积极向角色榜样学习的意识。

8.4.2 教学安排

（1）教学方法：查阅文献、阅读文献、总结归纳、头脑风暴、个人展示。

（2）实施过程：①课前布置学生阅读本章教材内容，查阅彼得·德鲁克先生的生平资料、代表著作以及主要思想，重点阅读激发、成就德鲁克的七段人生经历；②学生阅读文献、独立思考、总结每一段故事的启发，并联系个人实际拟定职业理想、目标规划和实现路径，准备好 PPT；③采用随机抽取学号和学生自愿两种方式请 3~5 位同学上台分享；④教师课上讲授职业、职业生涯规划与管理的概念和理论，对学生的汇报做点评；⑤开放式课堂讨论，让学生畅所欲言。

（3）教师总结：对于"一个人，特别是一个运用知识的人，要怎样才能取得成效？这样一个人，在生活与工作多年之后，在历经多年的变化之后，又怎样才能一直保持成效？"这个问题的答案是：做一些相当简单的事情。

第一，要树立自己的目标或理想。为了目标和理想而奋斗，意味着一个人能够人老心不衰。

第二，长年保持成效的人对工作的态度有强烈的自尊心。他们不甘平庸，在工作中恪守自己的标准。

第三，他们把持续学习作为一种生活习惯。未必像德鲁克大师这样，每三四年就学习一门新的学科。但是，他们会不停地试验，对自己的成绩从不满足。他们对自己的最低要求是，无论做什么都要做得更好，而且常常要求自己用不同的方法去做这些事情。

第四，思维活跃、不断成长的人，还会坚持进行绩效评估。把自身行为和决策的结果记录下来，然后把他们与当初的预期进行对照。这样，他们很快就能发现自己的长处在哪里，同时也发现自己哪些方面需要提高、改变和学习。最后，他们知道哪些事情是自己不擅长的，因此就应该让别人去做。

第五，每一名知识工作者的发展和工作安排的责任，都必须由知识工作者自己承担。每一名知识工作者，都必须承担起回答下面这些问题的责任：我现在需要什么样的职位？我现在能够胜任什么样的职位？我需要获得什么样的经历、知识和技能？

（4）未来号召与展望：号召学生继续阅读德鲁克的著作，广泛了解国内外管理学大师的理论和思想，在提升专业素养的同时，引发学生主动规划的兴趣。

8.5 特色和创新点

（1）与本专业学生的关联程度高。彼得·德鲁克是本领域最著名的思想家、理论家和实践家，选择他的人生经历容易引起学生的兴趣和共鸣。

（2）课程思政贴合度高。有助于学生树立正确的职业观、成功观，明确自身的职业目标和职业理想。让学生理解价值观和目标对个人职业选择和发展起到的激励、影响作用，在职业规划中对个人价值观的澄清，愿意在今后的生活中不断反思；能够考虑长远的人生目标，追求有意义的人生，在进行职业决策时能够有意识地运用自己的价值观作为评价标准。

（3）方法和工具的迁移性强。有助于增强学生对教学内容的理解，有助于学生制定既实事求是又富有激励作用的发展规划，有助于学生形成自信心和成功者的心态，有助于学生主动按照职业对从业者的要求规范自己的行为。

（4）课后学习拓展性好。一方面引导学生思考自己的发展和人生的目标等重要问题；另一方面拓展了学生课外阅读经典的兴趣和收获。

8.6 效果体现

本课程贴切自然地将"思政元素"融入专业知识的学习和技能的培养中。在潜移默化中培养学生的专业认同、职业伦理、社会责任，让学生严肃认真地从专业的视角理性、客观地回答了"我的关键优势在哪里？我的理想、抱负是什么？我最应该在意的是什么？我希望将来的自己和现在有什么不同？我能开始做些什么"等问题。很多学生在课后结合自己的实际与国家的战略、行业发展的趋势以及具体岗位的要求制作了个人生涯彩虹图，他们改变了对专业的认知，不再迷茫和空心化，而是开始带着使命和目标，有目的地学习和生活。

9 学史增信：红色播火者李大钊的人才培育密码

——人力资源管理课程思政教育教学典型案例

周二华　郭　晨

9.1　课程的基本信息

9.1.1　课程简介

本课程以"新文科"建设为指导，是管理专业学生开设的专业必修课（详见本书第 8 章）。

9.1.2　课程内容

课程内容同第 7 章。

9.1.3　课程目标

知识目标和能力目标，详见本书第 8 章。

9.1.4　授课对象

本科生；工商管理专业必修课，除工商管理专业外选修课。

9.1.5　使用教材

董克用，李超平. 人力资源管理概论（第 5 版）［M］. 北京：中国人民大学出版社，2019.

9.1.6　课程课时

32 学时。

9.2 示例章节信息

9.2.1 教学章节

第八章第二节：培训与开发——培训与开发的实施。

9.2.2 教学内容

（1）企业培训中常见的问题和挑战有哪些？

（2）有效提高培训学员的参与度，达到培训目标和培训效果的方法和技术有哪些？

（3）作为一个负责培训的职业选手，应具备哪些能力和素质？

9.2.3 课程目标

（1）知识目标。使学生掌握"员工培训与开发"基本理论知识；能够理解现代培训与开发的理论和知识体系、掌握现代培训与开发的基本实施流程、提高学生的理论分析与培训设计能力；加强学生自我学习、提升和管理能力。

（2）能力目标。让学生在掌握基本理论的同时，掌握人力资源培训与开发的方法和技能，能够满足企业培训和开发岗位的工作需求。

（3）德育目标。通过对党史的学习以及案例讨论，引导学生树立共产主义的远大理想，树立马克思主义的坚定信念。促进学生专业素养、思想素养和道德品质全面协调发展。调动学生的积极性，培养发现问题、分析问题、解决问题等综合职业能力。

9.2.4 教学课时

1 学时。

9.3　案例介绍

学史增信：红色播火者李大钊的人才培育密码

在纪念五四运动 100 周年大会上，习近平总书记指出："五四运动改变了以往只有觉悟的革命者而缺少觉醒的人民大众的斗争状况，实现了中国人民和中华民族自鸦片战争以来第一次全面觉醒。"电视连续剧《觉醒年代》正是紧扣这一急剧变革的时期，聚焦建党风云人物，演绎了鲁迅先生创作《狂人日记》，毛泽东同志创办新民学会，李大钊同志接济穷人、带领学生演活报剧等精彩故事，使课本上的人物拥有了一副生动且丰富的面孔。《觉醒年代》通过展现中国共产党的建党历史，向大众普及党史知识，获得了观众的高度评价。

剧中，李大钊同志引领一群革命青年追求真理、燃烧理想，在中国的广袤大地上点燃起马克思主义的星星之火。抛开政治因素，从培训角度来说，李大钊引入了一种思想、一种理念，率先在国内传播，并运用它来探索中国实际问题，把中国引向社会主义，进行马克思主义思想的本土化，这在中华人民共和国成立以前是极其困难的。李大钊同志作为中国共产主义运动的先驱，是如何影响带动一批中国先进知识分子积极研究、传播马克思主义的？现如今，企业在进行企业文化传播时，往往对企业文化建设认识不足，采用流于口号的形式，导致在培训过程中常常会遭遇引入一种新观点、新理念而得不到学员配合的困境。我们可以从李大钊同志在传播马克思主义思想的教科书式操作中吸取经验，对照企业培训的观点进行深入学习。

9.4　案例使用说明

9.4.1　案例价值

（1）著名的教育家陶行知先生曾说过："学高为师，身正为范。"可见，任何一种理念、思想甚至是知识，必须是培训师自己先搞清楚了才能教授别人。所以，要想达到传播知识的目的，教师首先需要在该领域不断深耕。

李大钊同志在日本东京早稻田大学留学时，就开始对社会主义和马克思主义学说产生兴趣。因为早在 1904 年，《共产党宣言》日译本就开始出版，从而使李大钊同志能够比较早地接触到马克思的原著。俄国二月革命发生后，李大钊同志认识到马克思主义对当时俄国革命的重要性，从而撰写了《俄国革命之远因近因》《面包与和平运动》《俄国大革命之影响》等用来宣传俄国革命运动中马克思主义的影响。他称俄国革命是"和平之曙光"，代表"国外政治之潮流"。1919 年元旦，李大钊发表了一篇名为《新纪元》的文章，文中特别强调了俄国十月革命对当时中国的影响，李大钊对马克思主义学说的认识也逐渐加深。之后，李大钊同志又发表了一篇文章《战后之妇人问题》。虽然文章的主题是妇女问题，但是通过谈妇女问题明确表达了全世界无产阶级联合起来的思想。从 1913 年开始接触马克思主义学说，在短短的六年时间里，李大钊同志对马克思主义学说从初次接触到了解，从不断加深对它的认识再到系统研究，能明显看到他对马克思主义的认知历程，而且每当有新的感悟时，他都会撰写文章来表达自己的观点，在当时的思想界产生了重大影响。

（2）运用多种方式进行思想传播。在对马克思主义进行深入学习之后，李大钊同志扛起了介绍和传播马克思主义的大旗。他将《新青年》第 6 卷第 5 号编成"马克思主义研究"专号，并在北京《晨报》副刊开辟了"马克思研究"专栏，发表了一系列关于马克思生平、学说和他对俄国革命的贡献的文章，如马克思的《劳动与资本》、考茨基的《马氏资本论释义》、河上肇的《马克思唯物史观》等。此外，李大钊同志在文章《我的马克思主义观》中对唯物史观、政治经济学和科学社会主义进行了系统的阐述，这构成了马克思主义的三个重要组成部分。1920 年 7 月，李大钊被聘为北京大学政治学系和史学系教授，通过课程和讲学活动，为当时中国培养了第一批掌握马克思主义的高等人才。不仅如此，李大钊同志还在各地创立了马克思学说研究会、社会主义研究会、北京社会主义青年团等多个社团，进一步开展马克思主义的宣传活动。细数李大钊同志在传播马克思主义思想过程中采用的方法，包括撰文、授课、演讲以及建立各种社会团体。这与现在的线上知识传播、线下授课、组织学习社团真的是有异曲同工之妙。

（3）理论联系实际。斯大林同志曾说过，"离开革命实践的理论是空洞的理论，而不以革命理论为指南的实践是盲目的实践"。① 如果一味学习理论而不进行实践，理论是空洞的，没有任何实际意义。习近平总书记在 2021 年春季学期

---

① 《斯大林选集》（上卷）。

中央党校（国家行政学院）中青年干部培训班开班式上指出："我们党的历史反复证明，什么时候理论联系实际坚持得好，党和人民事业就能够不断取得胜利；反之，党和人民事业就会受到损失，甚至出现严重曲折。"李大钊同志认识到马克思主义不是死板的教条，研究马克思主义必须进行本土化，从而不断丰富马克思主义的内涵。因此，他研究马克思主义不是仅停留在理论探讨，即一般学术问题的研究上，而是更进一步运用于解决当时中国的现实问题上。1921 年 3 月，李大钊同志在《评论之评论》第 1 卷第 2 号上发表了《中国的社会主义与世界的资本主义》一文，认为中国只有用社会主义的方式才能够发展实业，振兴经济，认为社会主义的优势是显而易见的。西方发达国家采用资本主义的制度，虽然经济发展迅猛，但是制度体制下的贫富差距越来越大，劳资矛盾突出。中国如果走西方发达国家的老路，那就永远赶不上别人，必须采用适合中国国情的社会主义道路。李大钊同志十分重视工人阶级在革命中的先锋作用，亲自从事开滦煤矿的党建工作。他同样看到了农民在革命运动中的主力军地位，积极组织农民运动。所以，只有将理论与实际紧密结合，才能使我们在认识、分析和解决问题时想出好办法、打出好主意。要注重一切从实际出发，实事求是，在实践中检验真理和发展真理。

9.4.2 教学安排

（1）教学方法：讲授、视频、开放式讨论。

（2）实施过程：①课前布置学生思考题：企业培训中常见的挑战和困难有哪些？如何有效提升培训学员的参与度，达到培训效果？②课堂播放剪辑好的电视连续剧《觉醒年代》的视频；③让学生自由讨论伟人在传播新思想新观念时采用的方法和取得的效果，特别是请学生描述看完视频后的感受；④教师做课程内容的总结。

坚持输出对接触新知识类的培训项目，效果特别明显。新员工入职培训就是这样的典型项目。在新员工培训项目中，可在课程结束后增设学习汇报会，掀起一波学习讨论热潮。在现场实践中设置小课堂，让每位学员都可以作为讲师，将自己的所感所悟拿出来分享，形成一个又一个新的学习爆点。

参照李大钊同志的方式，以现场教学、网络培训、撰写学习总结，以小组进行活动等多种形式进行系统培训。通过不断创新学习形式，丰富学习内容，掀起学习的热潮。

为了保证学习效果，对一些与实操密切相关的课程，让学员提前自学并将自己在这个领域遇到的各种实际难题都写出来，让老师按照这些问题来直接讲授知识。这种方式，将枯燥的理论与工作实际相结合，自然引发学员的兴趣，不但出勤率有保证，而且课堂互动踊跃，赢得参训人员的响应。

9.5 特色和创新点

（1）课程内容专业性强。讨论的内容都是围绕本章的教学重难点和教学目标，涉及企业培训的难点和痛点，涵盖很多专业知识。

（2）课程思政贴合度高。本案例的教学真正做到了学史明理、学史增信、学史崇德、学史力行。

（3）话题选择时效性强。2021 年 7 月 1 日，中国共产党迎来百年华诞，全国各类组织都积极学习中国共产党党史。

（4）学生参与度高。电视连续剧《觉醒年代》拍出了一种动荡历史中的美感，让人既能感受历史的厚重，也能获得艺术的享受。学生对内容熟悉，参与欲望高，学习转化效果好。

（5）课后学习拓展性好。《觉醒年代》中与本课程相关的历史素材非常多，学生可以持续从中汲取精华。例如，电视剧中描述了中国近代史上最重要的一幕——新文化运动的诞生。推动新文化运动的重要人物之一——蔡元培先生凭借被北洋政府委任为北京大学校长的机会，吸引了一大批具有进步思想的学者到北京大学任教，把北京大学变成了新文化运动的主战场。当时北京大学的学者阵容有陈独秀、李大钊、胡适、鲁迅等，可以用群星璀璨来形容。另外，学生还可以从《觉醒年代》中学习蔡元培的人才观。

9.6 效果体现

本次课程贴切自然地将中国特色的"思政元素"融入到专业知识的学习和技能的培养中，使学生学有所成、学有所获、学有所悟。

（1）学有所成。通过引入思政案例进行教学，学生"做中学，练中学"，专业知识日趋扎实，能力得以提升。

（2）学有所获。学生的综合素质和能力得到锻炼，自信心得到提升。根据学生课堂回答和团队交流时的表现，以及对学生团队项目的完成度和完成质量的测评，结合团队成员自评互评的结果和学生谈话，发现大部分学生的沟通交流能力有提升（包括积极性、表达能力等），部分学生在团队中的领导指挥能力得到极大提升。同时，通过课堂内外教师的指导、反馈和引导，学生在对待课程及任务的重视程度、完成态度、参与性等方面都有所改善，也意识到这些软因素在未来职业生涯发展中的竞争力。

（3）学有所悟。课程思政贯穿教学过程，德技并修目标得以实践。课程有机融合现代人文科学知识、中华传统优秀文化、民族精神、爱国主义，重点讲好"中国故事"。从成效来看，首先，学生守时、按时完成任务等规则意识得到增强。其次，参与意识、竞争意识有了明显提高。通过团队项目的合作，如访谈、调查、方案设计等，激励调动起全体学生的参与度和合作精神；通过多元、多阶的评价方式，激发起了学生内在的竞争意识。另外，学生的家国情怀得以培养，情怀格局得以塑造。学生的民族、文化自信，服务社会、实现个人价值的意识都得到了进一步强化。

10 谨遵职业道德：应收账款的质量分析

——财务报表分析课程线上线下思政教育教学典型案例

郭 炜

10.1 课程的基本信息

10.1.1 课程简介

财务报表分析课程以课程负责人的国家级线上一流课程——财务报表分析为依托，围绕财务报表的分析和应用，将慕课与翻转课堂结合进行线上线下混合式教学。

10.1.2 课程内容

课程以公司的财务报表为基础，围绕财务报表的分析和实际应用展开教学。财务报表分析广泛应用于公司投资决策、财务预测、经营决策、企业估值、资产管理、业绩评价等诸多领域，课程应用面广，实践性强，突出价值引领，从大量公司实际案例入手，从"基础"到"提高"、从"入门"到"实战"，站在决策的视角对公司财务报表进行全新解读，更好地为管理和决策服务。

10.1.3 课程目标

（1）知识目标。课程以相关上市公司的财务报告作为分析对象，围绕财务报表的分析和实际应用展开线上线下混合式教学，针对大量上市公司的实际材料进行案例分析，使学生理解财务报表分析的基础理论和专业知识，掌握企业财务报表分析的主要方法，学会有效地使用财务报告中的信息进行信贷决策、投资决策和内部管理决策。

（2）能力目标。将基础概念等纳入慕课学习，培养自学能力。课堂上进行翻转课堂，课后安排综合案例，培养学生的分析能力、团队合作、科研思维和创新等能力。

（3）思政目标。课程在人才培养目标中的价值引领方面，引导学生树立正确的价值取向和社会责任，使学生明确遵守会计职业道德、保持职业品德操守的重要性，提高学生遵纪守法的意识和分析判断的能力，适应未来复杂环境下业财融合和智能决策的时代需要。

10.1.4 授课对象

本科生（会计专业必修课，除会计专业外选修课）。

10.1.5 使用教材

张爱民，钱爱民. 财务报表分析（第 5 版）［M］. 北京：中国人民大学出版社，2019.

10.1.6 课程课时

32 学时。

10.2 示例章节信息

10.2.1 教学章节

第三章第二节：应收账款分析。

10.2.2 教学内容

通过案例学习应收账款的质量分析方法。

10.2.3 教学目标

（1）知识目标。从本质上讲，应收账款是一种商业信用，其影响有利也有弊，企业可以把应收账款看作是一把"双刃剑"，在其利弊之间选择一个合适的平衡点。好处在于通过赊销行为有利于扩大销售，减少库存，从而使利润进一步增长，企业竞争能力提高。由于应收账款的增加，其弊端在于会导致企业的资金占用成本、收账成本、坏账成本等增加。应收账款会使企业的自有资金被占用，企业往往要通过从外部借入有息负债来解决这一部分资金缺口，增加了企业的利息支出，导致企业经济效益下降。企业的产品虽然销售出去了但是企业并没有收到实际的现金，为了能够收回货款，企业被迫进行对应的收账行为，增加企业的收款成本。而且在会计上要按照应收账款余额的百分比提取坏账准备，期限越长的款项收回的可能性就越低，这在后期很可能会给企业带来较大的损失。如果短期内企业的应收账款大幅上升，这往往意味着企业的经营利润会遭受相应的损失。

（2）能力目标。本课程结合应收账款管理的目标引导学生分析案例，思考如何掌握应收账款分析的方法，可以通过比较分析法、结构分析法、比率分析法三种方法来判断，培养学生的分析能力、团队合作等能力。

（3）思政目标。培养学生坚守准则、诚信为本、德才兼备、以德为先的意识，进行正确合理的管理决策。

10.2.4　教学课时

2 学时。

10.3　案例介绍

谨遵职业道德：应收账款的质量分析

党的十八大提出，"在社会主义市场经济建设中，要尽快建立符合本国国情的信用体系，加强政务诚信、商务诚信、社会诚信和司法公信等领域建设，来规范市场经济的发展秩序，形成社会运行的良性格局"。2016 年《中国诚信建设状况研究报告》显示，每年因为信用缺失导致中国企业遭受高达 6000 亿元以上的损失，因此在当前现实环境下加强诚信文化建设是一项非常重要的任务。企业重视并加强诚信文化建设具有重要的意义，从微观层面上讲，它有利于实现企业的可持续发展，帮助企业顺利做大做强，从宏观层面上讲，诚信是中华民族传统美德，加强诚信文化建设也有利于塑造良好的社会大环境并保证市场经济健康发展。对每一个企业家而言，需要重视诚信，应当把守法诚信作为安身立命之本。要做好诚信文化建设，应当充分发挥社会主义核心价值观的价值引领作用，增强社会大众和企业普遍诚信守法的意识，在全社会形成守信重诺的良好氛围。

思政素材选择国内"中国农业第一股"、曾轰动全国的蓝田股份造假事件，分析蓝田股份应收账款案例。2000 年，蓝田股份的主营业务收入是 18.4 亿元（其中包括生产野莲汁、野藕汁的饮料销售收入 5.6 亿元），但是当年年末的应收账款余额为 857 万元，应收账款与收入的比例很低。公司解释应收账款低的原因是公司主营水产品养殖，地址在湖北省洪湖市的一个小镇上。公司表示因为镇子离洪湖市比较远，很多客户不愿意跑很远去进行银行转账，所以是在公司水产基地里面直接现金交易。现金交易致使企业的应收账款很少。基于现有的信息，这家公司的应收账款这么少合理吗？首先，因为公司离市区远，所以银行转账不方便，但是 18.4 亿元营业收入规模的业务量，任何一家金融机构都会愿意给公司提供贴身服务。就算国有银行不重视，还有那么多的农村信用社、城市信用社等当地金融机构愿意给这样的大客户提供金融服务，所以公司的这个理由很难成立。其次，公司近 1/3 的营业收入是饮料销售收入。饮料一般通过连锁超市途径销售，公司不会自己开门店去销售。连锁超市的模式是赊销，即先货后款，公司一般先把货放在连锁超市里卖，卖完以后，超市再给公司结款，通常是半年的结款期。超市才是强势的一方。那么很显然蓝田股份应收账款的数额就不合理。所以从上述两方面分析，公司应收账款太少，只能说明应收账款或者营业收入数据的真实性存在问题。如果公司应收账款的数据是真实的，那就表示公司夸大或者虚构了营业收入，即存在造假行为。

10.4 案例使用说明

10.4.1 案例价值

专业元素：①凝练马克思主义哲学的基本观点，应收账款多对企业而言是风险，但是应收账款少也可能反映出营业收入造假的风险，使学生掌握辩证思维的工具；②学习党的十八大、党的十九大精神，掌握其中关于商务诚信、社会诚信等领域建设的基本政策精神；③深入学习党和国家的政策文件中关于完善企业信用制度建设的理论。

课程中蕴含的思政元素主要包括：①马克思主义辩证哲学观；②社会主义核心价值观"诚信"；③德才兼备，以德为先；④个人素养和职业道德，如诚实守信、科学精神等。

10.4.2　教学安排

（1）课前要求学生自学财务报表分析慕课对应的知识点视频。

（2）分析应收账款管理的目标，从比较分析法、结构分析法、比率分析法三种方法学习如何进行应收账款质量判断。

（3）应收账款在短期内迅速上升，预示企业将会存在经营利润亏损风险，结合吉林化工的案例验证应收账款过多的分析方法和要点。

（4）通过蓝田股份应收账款过少的反面案例揭示存在营业收入真实性的风险，引导秉承辩证式哲学观去探索分析问题的思路，学习从正反两个方面去分析问题和判断问题。

财务报表编制人员在工作中需要掌握和运用企业的大量内部信息，对于会计人员而言，除了其在专业技能和管理技能方面满足相应要求外，还需要具备良好的个人品德，如果财务人员有能无德，不如实披露企业的财务信息，将误导社会对企业真实财务状况的判断并形成巨大的负面效应。"国无德不兴，民无德不立。""才"需要培养，"德"也需要培养，在培养人才时要做到德才兼备，以德为先。

（5）通过蓝田股份造假事件引出思政教育示例，使学生认识到蓝田股份造假事件所产生的危害，教育学生要具备求真务实、诚实守信的职业品质，在财务信息方面不能弄虚作假，执业谨慎，信誉至上；必须做到德才兼备，以德为先；保密守信，不为利益所诱惑，做到德与才的统一。

（6）对全部教学内容进行总结，布置课后作业。

10.4.3　教学方法

教学方法采用案例分析法和思辨式讨论，使用了吉林化工和蓝田股份2家公司的案例，并要求学生对蓝田股份的问题讨论后进行投票发表意见。

把"雨课堂"作为教辅工具，利用随机抽答、投稿等互动功能活跃课堂气氛，通过单元习题和现场测验，图表化实时反馈学生的学习效果，教师依据评测分析，以学定教，有针对性地制定个性化答疑辅导，动态调整教学资源，实现精准教学。

10.4.4　思政教育

在案例分析的过程中，引入社会主义核心价值观和职业道德的内容，在学习专业知识的基础上，引发学生深层次的思考，即应该承担怎样的使命和责任、树立怎样的意识和态度，从而实现了教授知识与引领价值相统一的教育目的。

10.4.5 教学总结

挑选具有代表性的 1~2 组学生，首先让学生陈述和展示本组的总结意见，其次让学生自己相互评价，最后教师总结分析问题的技巧和注意事项。

10.4.6 课后知识评价

（1）布置课后练习，检查教学效果，并要求课后预习下一节的慕课视频。
（2）完成第三章第二节内容对应的单元测验和思政教育测试。

10.5 特色和创新点

10.5.1 案例教学数量多应用效果好

财务报表分析课程制作了 87 个上市公司案例和 44 个思政案例，行业广泛，既有广度又有深度，将具体的知识点和思政教育融入实际案例中，学生能够很好地将理论知识应用于实际，提高分析和决策能力。

10.5.2 运用慕课与翻转课堂进行线上线下混合式教学

以课程负责人的国家级线上一流课程——财务报表分析为依托，将慕课与翻转课堂相结合进行混合式教学改革，创建优质课堂，综合运用案例教学法、问题启发式教学、小组学习法、思辨式讨论等方法进行翻转课堂，在教授知识和传授技能的同时，潜移默化地引入社会主义核心价值观和职业道德教育内容，实现教授知识与引领价值相统一的教育目的。

10.5.3 制定以形成性考核为主的线上线下综合性教学评价方法

课程运用国际商学院协会（AACSB）的评价标准将考核方式与教学活动和学习结果进行匹配，制定以形成性考核为主、过程性评价和总结性评价为辅的线上线下综合性教学评价方法。考查内容涉及思政教育知识和专业知识的理解及运用能力、世界观、人生观、价值观等。从视频学习、课后单元测验、思政测验、同伴互评作业、课堂案例讨论、小组案例汇报、期末测试、分析报告等方面进行综合考核，并基于评价—反思—改进的路径不断完善。

10.6 效果体现

通过慕课与翻转课堂线上线下的结合教学，各学生小组在课堂上可以利用大部分时间完成案例的讨论工作，由于讨论时间充足，案例探讨深入，所以学生积极发言，课堂气氛热烈，这种教学模式深受学生好评。从实际教学情况看，学生能够熟练运用教学过程中介绍的应收账款质量分析方法，对于给出的分析案例，各小组均能够快速找出其中存在的主要问题，分析思路合理逻辑严密有理有据，顺利地实现了课程的知识目标和能力目标。此外，通过这种混合式教学，使学生树立了"秉承客观公正、诚实守信等积极向上的价值观"的育人思想，明确了会计人员不仅专业知识和应用技能要扎实，更重要的一点是必须具备良好的职业道德水平，以诚信和客观公正的职业态度对待会计事项。

学生在分析能力方面得到了有效提升，而且实现了教授知识与引领价值相统一的教育目的。74.42%的学生认为自己可以高质量地完成教学任务要求，与传统教学方式的效果相比，有明显提升。86.05%的学生高度认同线上线下混合式教学模式的效果，认为在线上线下混合式教学模式下自主学习能力有明显的提高。由于线上线下混合式教学模式对学生有更多的任务和更高的要求，65.12%的学生认为自己的学习效率大幅提高了。从教学效果方面来讲，93%的学生认为线上线下混合式教学模式效果更佳，无论是解决问题的能力，还是学到的知识、掌握的程度方面，都比传统教学方式具有明显的优势。

11 平凡工作见真章：人机相协守卫校园安全

——管理信息系统课程思政教育教学典型案例

张千帆

11.1 课程的基本信息

11.1.1 课程简介

管理信息系统是一门综合运用管理科学、计算机科学、系统科学等多学科的理论、概念和方法，从信息管理视角研究企业管理的课程，用信息技术和信息系统支持和赋能管理创新和组织变革。

《中共中央　国务院关于构建更加完善的要素市场化配置体制机制的意见》是中央第一份关于要素市场化配置的文件（以下简称《意见》）。《意见》分类提出了土地、劳动力、资本、技术、数据五个要素领域改革的方向，明确了完善要素市场化配置的具体举措，数据作为一种新型要素，成为《意见》中备受关注的内容。在数智时代，了解数据的采集、传输、存储、处理、维护和使用，用以支持管理决策和管理控制。

11.1.2 课程内容

管理信息系统课程包括四部分内容：一是管理信息系统的基本概念；二是数智时代管理信息系统的技术基础，物联网、云计算、大数据、人工智能、区块链等技术对管理信息系统产生深远的影响；三是管理信息系统的商业价值，管理信息系统是企业提升市场竞争力、推进数智化转型的使能器；四是管理信息系统分析与规划设计的基本理论与方法，优秀的管理信息系统是用科学的方法论做指导，并在管理人员、业务人员、技术人员共同参与下完成的，管理信息系统是技术与业务融合的结晶。如图11-1所示。前三项内容围绕着管理信息系统"是什

管理学类课程思政案例教学设计与导引

么""怎么用"展开讨论,第四项内容围绕"怎么做"管理信息系统展开教学。

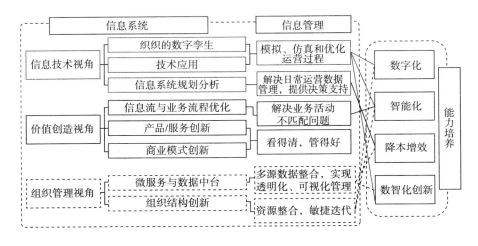

图 11-1 课程内容

11.1.3 课程目标

(1)知识目标。学生对管理信息系统的学科发展、系统类型、技术基础、商业价值、开发方法有比较全面的了解。学生全面掌握管理信息系统、信息、信息流、IT赋能的基本理论和方法;了解信息化、数字化、智能化等不同阶段中典型性信息系统的功能、特点、技术基础及其商业价值;了解信息系统的开发方法和开发方式,掌握瀑布式开发和敏捷开发的基本原则和开发流程。

(2)能力目标。学生形成基本的信息思维,善于从信息管理视角分析企业管理问题并解决问题;具备信息系统分析与设计能力,能够胜任信息系统需求分析、功能设计、原型设计等工作;具有良好的信息素养,能够在具体场景中挖掘信息和信息系统的应用潜能;具有基础的数智化创新思维,关注国家政策和企业数智化转型实践,发挥学科优势,成为优秀的信息技术与企业管理复合型创新人才。

(3)思政目标。坚持习近平新时代中国特色社会主义思想铸魂育人、贯彻党的教育方针落实立德树人根本任务,不断提高学生思想水平、政治觉悟、道德品质、文化素养,让学生成为德才兼备、全面发展的人才;培养有理想、有追求、有担当、有作为、有品质、有修养"六有"大学生;贯彻执行《高等学校课程思政建设指导纲要》,使学生了解管理专业和行业领域的国家战略、法律法规和相关政策,引导学生深入社会实践、关注现实问题,培养学生经世济民、诚

· 82 ·

信服务、德法兼修的职业素养。

11.1.4 授课对象

本课程为华中科技大学管理学院的平台必修课。授课对象为信息管理与信息系统、物流管理、工商管理、市场营销、财务管理、会计学、财政学等专业的本科生。

11.1.5 使用教材

［1］黄梯云，李一军，叶强．管理信息系统（第 7 版）［M］．北京：高等教育出版社，2019.

［2］张金隆，张千帆，韦司滢，等．管理信息系统（第 2 版）［M］．北京：高等教育出版社，2012.

［3］劳顿，等．管理信息系统（第 15 版）［M］．黄丽华，编译．北京：机械工业出版社，2018.

11.1.6 课程课时

40 学时。

11.2 示例章节信息

11.2.1 教学章节

第六章第一节：数智时代管理信息系统的技术基础；物联网及其对管理信息系统的影响。

11.2.2 教学内容

（1）理论教学。物联网的定义、物联网的基本特征、物联网的网络架构、感知技术的发展趋势、物联网应用分类。

（2）实践教学。参观华中科技大学保卫处指挥中心，了解物联网在校园安防中的应用。

（3）课后复盘。本节内容小结与课后任务布置，学生写实践教学心得体会。

11.2.3　教学目标

（1）识记物联网的基本概念和发展基础。

（2）掌握物联网的网络架构及其组成要素。

（3）掌握物联网的应用场景，为学习"物联网对管理信息系统的影响"打好基础（重点）。

11.2.4　教学课时

2 学时。

11.3　案例介绍

平凡工作见真章：人机相协守卫校园安全

华中科技大学是国家教育部直属重点综合性大学，是国家"211 工程"重点建设和"985 工程"建设高校之一，是首批"双一流"建设高校。学校教学科研支撑体系完备，各项公共服务设施齐全。

华中科技大学占地7000 余亩，为方便广大学生和教职工的工作、学习和生活，校园内除了有学生津津乐道的 30 多个食堂，还有银行、超市、集贸市场、健身房、各色小吃店……学校就是一个大社区，这也造成了外来人员进出流动性大，车辆运行情况复杂，安全隐患多。

为了维护校内人员、财产安全，华中科技大学与海康威视合作制定了一套学校综合安防解决方案，并于 2016 年建成了校园安防的基础网络及初级云存储系统；2016~2017 年对校园安防系统进行了全面升级改造，建成 LED+LCD 集成平台和智能会商指挥系统、人脸识别系统；2018 年基本实现校园高清监控全覆盖，人脸管控、猎鹰系统全面应用；2019 年新增 40 路黑光摄像头，并在校园所有学生公寓门口新增人脸识别摄像机，同时扩容了储存设备。

目前，不同校园区域、不同场景中的智能前端数据采集设备构建起全面立体的前端感知体系，实现全方位、全天候的前端信息感知采集。种类繁多的数据采集设备解决了原始高清素材采集难题，让后端数据分析系统将资源用于高价值信息的分析和挖掘，极大提升后端智能分析的准确率与效率，为深度学习平台提供更优质的数据样本。

随着系统功能的完善，校园安防系统可以进行视频监控、安防报警、人员管控、车辆管理、地图管理、门禁管理，还可以按照轨迹智能追溯。安防系统结合前端人脸抓拍设备和结构化服务器，能够以图搜图，在后端进行比对分析，对目标模拟生成时间轴轨迹或基于地理位置坐标的地图轨迹，解决了追踪目标的有源可循问题；同时配合智能分析设备，对重要目标进行持续的视频追踪，当相似目标出现时可进行提示并查看实时、历史画面。

校园安防系统既保证"安"，还能够"防"。校园安防系统采用智能前端人脸比对设备和智能分析服务器组合，在校门口、校园主干道等公共区域部署黑名单功能，可让重点监控目标止步于校园外，在财务室、实验室、宿舍等师生活动的主要场所部署白名单，做到"该禁的禁""该进的进"，保障校园环境安全有序。

校园安防系统投入使用后，2017年，抓获各类不法行为110余起，追回丢失和被盗物品128件，学校发案率下降了48%，破案率提升了40%。之后的每一年，发案率呈逐年下降的趋势，2021年学校发案8起，破案7起。

11.4 案例使用说明

11.4.1 案例价值

（1）专业元素。物联网及其应用，通过校园安防系统介绍和功能展示、引导学生从物联网技术改变数据采集方式，进而改变系统架构和系统功能视角理解信息系统的技术基础。

（2）思政元素。①社会主义核心价值观——自由、诚信。校园安防系统的建设目标是实现事前预防，事中调度，事后追溯，构建人防、物防、技防、智防的应急指挥体系。上了黑名单的人行动就会受限，告诫学生遵纪守法才有自由，在法治社会和信用社会，每个公民都要珍视自己的信用。②让前沿科技照亮青春梦想。习近平在湖北考察时强调具有自主知识产权的核心技术是企业的"命门"。结合校园安防中的前沿技术勉励学生夯实基础，重视创新。③个人隐私保护与数据伦理。安防系统中存有大量的个人信息，合理、合法、合规地使用是工作人员的基本职业素养，同时要靠技术手段进行隐私保护。④有品质、有修养。保卫处女队员在冰雪中为学生打捞掉在水沟里的手机的事迹，以及很多保卫处队员帮扶教师学生的事迹，学生的心灵得到了真善美的洗礼。

11.4.2 教学安排

（1）实地了解校园内的智能安防设备。带领学生到中心操场、南一楼广场等人流量大、摄像机密集的地方，识别不同类型的摄像机。然后到指挥中心参观智慧大屏、终端指挥研判大屏，以及后台的脸谱人脸识别系统和猎鹰人体结构化系统。

（2）现场体验安防系统。指挥中心主任讲解校园安防系统的主要功能、逻辑架构、监控流程，如图 11-2 所示；演示全局鹰眼摄像机的远距离高清监控效果、深眸全局摄像机的移动侦测功能；演示人脸识别系统的功能、车辆检索系统的功能。

图 11-2　智能监控流程

（3）现场人脸采集，展示系统预警功能。指挥中心工作人员为一位自愿报名的学生进行人脸采集，为了增加人脸识别的难度，让这位学生戴上了帽子和口罩。工作人员现场给学生拍照并录入嫌疑人黑名单。当该学生走过人脸卡口时，被摄像机抓拍到了清晰的人脸图像，系统立即报警。

（4）展示以图搜图，还原人员行动轨迹功能。邀请学生采集人脸图像后，工作人员演示行动轨迹跟踪功能，快速查到该生近期在校园内的行动轨迹。有学生说："我很荣幸作为志愿者体验行动轨迹搜索。在为我采集人脸照片之前，保卫处的工作人员再三跟我承诺课后马上删除照片。找到我的近期活动轨迹后，工作人员也是在征得我的允许后才把我的轨迹展现了出来。这体现出控制中心的工作人员具有良好的职业素养和个人隐私保护意识。我还注意到了一个细节，保卫处控制中心的大门是通过人脸识别自动开关的，因此外人不能随意进入。这说明控制中心的内部管理规范以及对个人数据信息的严格保护。"还有学生说："让我震惊的是，在放学的茫茫人海中，居然也能精确地找到同学的身影。这次参观拓宽了我的视野。"

（5）了解指挥中心的日常工作。观看典型案例的破案视频，了解指挥中心工作人员的日常出警、帮扶救助，好人好事。学生说："我们的平安，华中科技大学的安定，背后是保卫处所有人的默默付出。而且还为我们的参观准备那么充分，可爱又可敬。在感恩铭记的同时，我也会怀抱着更加热情、敬畏的心态去学习管理信息系统，用更先进的知识武装自己。"

（6）课后复盘——从入眼、入耳到入脑、入心。对于涵盖专业知识和思政元素较多的实践教学，要求学生及时进行总结，主动构建知识体系，并加深对实践教学的理解和感悟。布置课后作业——阅读《百舸争流阅楚颜：数字孪生助力武船智造升级》的案例，利用所学知识指出物联网在武船数字孪生系统中的应用。

11.5 特色和创新点

（1）价值引领与知识传授融合。结合企业实践讲思政、结合案例讲思政、结合课外实践讲思政、结合社会热点讲思政、学生自主学习思政，如图 11-3 所示。

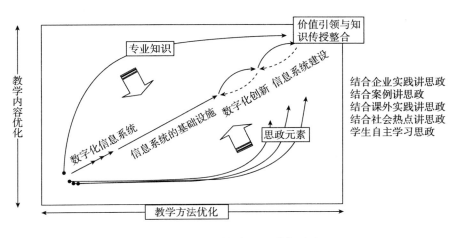

图 11-3 价值引领与知识传授融合

（2）"点—线—面"结合讲思政。遵循思政教育的规律，坚持循序渐进，从点开始、以点引线、以线带面，做到思政元素的连贯性，如图 11-4 所示。

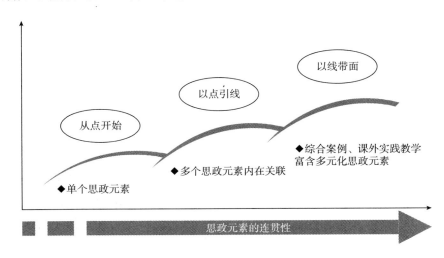

图 11-4 "点—线—面"结合

11.6 效果体现

（1）掌握专业基础知识。识记物联网的基本概念和发展基础；掌握物联网的网络架构及其组成要素；掌握物联网的应用场景和对管理信息系统的影响，了解企业数字化转型实践。

（2）培养信息素养和数智化管理创新的意识。首先，通过黑白名单在校园安防系统中的应用，强调在法治社会和信用社会，每个公民都要珍视自己的信用，遵纪守法才有自由；同时，校园安防中技术赋能的种种应用，学生为高科技喝彩的同时也提高了学科认同感和对技术创新的重视。其次，通过现场人脸采集和通过人脸识别洞悉个人的行踪，警示学生提高个人隐私保护意识，并遵守数据伦理；在被保卫处队员的敬业精神感动的同时，告诫学生"天下难事，必作于易；天下大事，必作于细"，成功的背后永远是艰辛努力，努力成为"六有"大学生。

12　社会因素亦是新产品创意的灵感：海尔生物医疗如何开发"中国疫苗冰箱"

——产品规划与设计课程思政教育教学典型案例

贺远琼

12.1　课程的基本信息

12.1.1　课程简介

产品是企业满足消费者需求的重要载体，有效的产品规划与设计是企业获取利润的重要保障。在市场需求和科学技术的双轮驱动背景下，产品生命周期越来越短，企业的产品管理工作面临着新的挑战。

产品规划与设计是市场营销专业的核心课程之一。该课程从广义视角关注产品，包括有形产品和无形服务。课程试图回答的主要问题是：如何规划多产品组合从而实现战略目标、如何从全生命周期视角进行产品管理、如何开发新产品，以及如何科学规避产品风险。该课程也适合具有理工科背景的产品开发者、企业产品经理学习。

12.1.2　课程内容

产品规划与设计课程分别从战略和战术两个层面，结合产品经理的主要职责内容，重点阐述了产品管理的基本概念（如产品组合、产品线、产品生命周期、产品管理制度演变等）、产品管理组织、产品战略规划与控制，以及围绕新产品开发阐述了创意构思与筛选、产品概念与实体开发、新产品采用和扩散、新产品上市等内容。如图 12-1 所示。

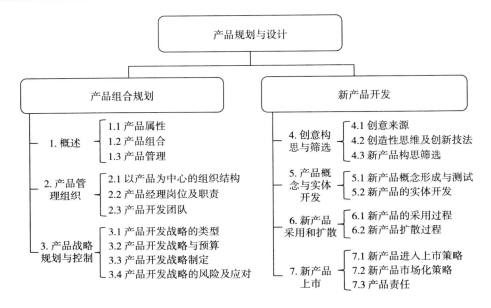

图 12-1　产品规划与设计课程内容体系

12.1.3　课程目标

（1）知识目标。理解产品管理的基本概念和内涵；掌握产品战略规划的基本理论与方法；了解新产品开发的类型与过程，并理解新产品开发中的难点与关键点。

（2）能力目标。根据产品技术和市场特点，制定新产品商业化推广方案；了解产品创新的发展趋势。

（3）思政目标。理解产品与社会的关系，树立经济价值与社会价值平衡发展的价值观，增强追求社会价值的信念，提升学生思想境界。了解从中国传统文化视角开拓产品创新的思路，树立学生的民族自信心。了解我国在关键技术、"卡脖子"技术领域实现技术突破、开发新产品的实践，理解我国在这些领域取得成功的内在原因，树立民族自信心，并增强学生的创新精神。

12.1.4　授课对象

市场营销专业本科生。

12.1.5　使用教材

黄静．新产品管理（第2版）［M］．武汉：华中科技大学出版社，2019.

12.1.6 课程课时

32 学时。

12.2 示例章节信息

12.2.1 教学章节

第五章第一节：创意产生—创意来源。

12.2.2 教学内容

（1）开篇案例：海尔生物医疗开发"中国疫苗冰箱"，造福"一带一路"沿线国家和地区的儿童。

（2）知识点讲解：新产品创意的来源。

（3）根据知识点剖析开篇案例：讨论开发"中国疫苗冰箱"的创意来源。

（4）课后作业：观察身边环境，从社会需求角度提出一款新产品的创意。

12.2.3 教学目标

（1）知识目标。帮助学生理解新产品创意的来源，以及不同来源对新产品开发的影响。

（2）能力目标。掌握提出新产品创意的思路和方法。能够观察身边环境，根据不同来源的线索，提出新产品的创意。

（3）思政目标。了解我国经济发展战略与社会发展因素，并树立经济价值与社会价值平衡的价值观。强调以人为本，关注弱势群体，培养学生新发展理念。

12.2.4 教学课时

1 课时。

12.3　案例介绍

海尔生物医疗如何开发"中国疫苗冰箱"①

（1）"一带一路"倡议。"一带一路"倡议是国家战略的重大创新，其中公共卫生领域合作是"一带一路"建设的重要内容。根据国际能源署数据，截至2016年全球有10.6亿人口因缺电难以得到基础免疫保障，尤其是在撒哈拉以南的非洲，一半以上的新生儿无法获得基础免疫保障。

（2）海尔生物医疗开发太阳能疫苗冰箱。疫苗运输和存储对温度有着严格要求。在部分"一带一路"沿线国家和地区由于时常停电，疫苗的冷藏无法得到保障，让很多儿童失去了及时接种疫苗的机会。当地民众曾尝试过汽油驱动的疫苗冰箱，但容易引发火灾造成严重污染。

海尔太阳能疫苗冰箱通过屋顶的太阳能板供电，在不外接电源的情况下实现即插即用。疫苗冰箱在43摄氏度下，即使断电，也可以将箱内温度保持在8摄氏度以下长达120小时。同时，依托物联网等新技术，公司可以了解每一台冰箱的运行情况，提前预测冰箱是否能正常工作，从而提供完善的服务。通过太阳能确保疫苗冰箱持续正常运行，让疫苗存储安全性极大提升，也让越来越多的"一带一路"沿线国家和地区的儿童在家门口接种疫苗成为现实。

（3）海尔生物医疗发展成为疫苗服务方案的提供商。海尔生物医疗的太阳能疫苗冰箱系列产品，已进入几内亚、缅甸、吉尔吉斯斯坦、乌兹别克斯坦等"一带一路"沿线的78个国家和地区，全球累计装机15万台，每年服务全球4500万适龄儿童安全接种，极大地促进了全球疫苗接种的可及性。

随着海尔生物医疗公司越来越深入当地市场，它逐渐从产品供应商转向全天候、全过程、全场景、全生命周期的疫苗网服务方案的提供者，构建起生产、运输、清关、配送、安装、维修等疫苗生态体系。

---

① 2019年6月20日，《人民日报》刊登《海尔生物医疗助力"一带一路"公共卫生建设"中国疫苗冰箱"造福沿线儿童》。

12.4 案例使用说明

12.4.1 案例价值

（1）专业元素。掌握新产品创意的来源，通过引导学生从新技术、消费者和竞争者等方面对案例进行分析，理解不同来源因素对新产品创意的影响。在提出新产品创意时，综合多方面因素有助于提高产品的成功可能性。

（2）思政元素。讲解我国"一带一路"倡议制定的背景与意义，加深学生对国家政策的理解，增强学生对我国"一带一路"倡议的认同感。同时，启发学生从弱势群体需求和新技术发展的角度来提出新产品创意的来源。

12.4.2 教学安排

（1）案例导入。首先向学生展示两张图片，一张图片展示过去埃塞俄比亚疫苗接种的情况，另一张图片展示现在海尔太阳能疫苗冰箱在埃塞俄比亚某一个接种站的使用情况。通过两张图片的对比，启发学生思考变化的原因。接下来，学生会指出太阳能疫苗冰箱是让当地居民生活发生变化的重要产品。通过提问的方式，启发学生思考为什么海尔生物会有太阳能疫苗冰箱的产品创意。在学生讨论之后，暂时不总结，先由教师讲解知识点。

（2）知识点讲解。新产品开发面临的首要问题是寻找新产品的创意，好的新产品创意是新产品成功的关键，缺乏好的新产品构思已经成为许多行业新产品开发的瓶颈。从企业开发新产品的实践来看，新产品创意的来源主要包括以下几个方面：

1）新技术。新技术在新产品开发中占有重要地位，如有助于新功能、新材料、新形式等。这里所指的新技术可能是全新的技术，也可能是从其他行业引进到本行业的新技术。

2）消费者。消费者在产品创意中担当着主要角色，他们不仅是潜在的需要来源，而且还常常提供满足这种需求的方法。虽然消费者不太可能提供一个完整的创意，但是他们可能想出一些解决问题的办法。例如，宝洁公司将顾客需求作为其创新的出发点，要求每个业务单位每年提供一份按照重要程度排列的顾客需求清单，这些关键需求成为引导宝洁公司创新方向的指针。许多家用电器的改进都来自顾客的提议，海尔在考虑消费者行为习惯的基础上开发了一款带抽屉的层级冰柜。海尔在一次消费者终端调研中，发现客户在使用冰柜时常常因为冰柜太深从上层取食品显得很不方便，客户对该产品有较多抱怨。海尔快速将该信息反馈到了技术研发部门，在技术研发部门的集体攻关后，一款带抽屉的层级冰柜推向了市场，并得到了消费者的喜欢。

3）生产与服务。这里的生产主要是指生产过程或工艺的改进对新产品创意的贡献。随着消费者行为越来越个性化，他们会追求个性化的产品来匹配自己的个性，企业为了适应这种个性化消费需求的特点，在生产规模上会采取多品种少量化生产模式。

4）竞争者。企业应时刻关注竞争对手或相关企业新产品开发的新动向。

5）供应商。供应商通过提供新材料为新产品创意提供重要来源。

6）公司员工。创意可能来源于公司内部部门，因此，具有创造性、开放性和互相学习的企业氛围是创新的重要基础。

（3）剖析开篇案例。太阳能疫苗冰箱的产品创意来源于四个方面（见图12-2）。

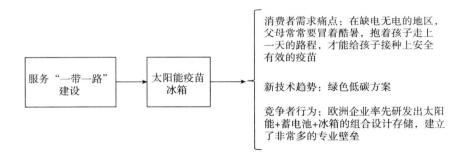

图 12-2　太阳能疫苗冰箱的产品创意来源

第一是服务"一带一路"建设。"一带一路"沿线国家和地区地域广阔，以发展中国家为主，经济发展基础薄弱，整体水平偏低。"一带一路"沿线国家和地区的经济社会状况是新产品创意的初始来源。

第二是消费者。据联合国儿童基金会发布的数据，在埃塞俄比亚 12~23 个月大的婴儿中，只有 38.5% 的儿童接种了最基本的疫苗。重要原因就是缺乏储存运输冷链系统，无法正确保管疫苗。针对这个市场需求特征，海尔生物努力开发太阳能疫苗存储方案。在海外推广的路上，团队遭遇了很多想象不到的艰难险阻，包括当地极端高温天气带来的不适，以及来自当地人的刁难、暴力治安等问题。

第三是竞争者。欧洲企业率先研发出了"太阳能+蓄电池+冰箱"的组合设计存储，这种存储方式已建立了非常多的专业壁垒。在海尔生物攻坚这个项目时，欧洲企业希望将这个技术卖给他们。但是海尔生物坚持自主研发，积累自己的技术资源。

第四是新技术的发展。关于疫苗保存与运输的技术，有不同的技术方案。例如，欧洲企业的"太阳能+蓄电池+冰箱"的技术方案，该方案不仅在制冷效率和产品寿命上有待提升，废旧蓄电池对生态环境的影响也不容忽视。原有的太阳能直驱制冷技术路线早已被国外企业设置了多重专利壁垒，要想使用需支付高昂专利费。当地疫苗接种站也选用过汽油驱动和电力驱动的疫苗冰箱，但温度不足，易引起火灾，无法达到温度储存需求等。海尔生物的技术团队通过调研与实验发现，保存、运输疫苗，使用太阳能技术是目前最经济可行的办法。非洲电力紧张，但年日照却长达 3000～3500 个小时。在全球顶尖算法专家带领下海尔生物技术团队研发出一套在非稳定状态下直留直去的压缩机控制算法，解决了高效蓄冷的问题。

（4）新产品的经济价值和社会价值。2015 年，我国首款太阳能直接驱动制冷疫苗冰箱由海尔生物研发团队创新研制成功，实现太阳能直驱储冷，一举打破了国外的技术垄断，开辟出一条新的技术路线。同时，海尔生物提供针对当地用户的物流、维修等定制化服务，既提高了疫苗接种率，也增强了居民的疾病预防意识，促进了当地公共卫生事业的发展，推动了不同国家间技术、文化上的交流与合作。

（5）课堂总结。总结本次课所讲授课堂内容并布置课后作业，即观察身边的社会环境因素，提出新产品的创意。

12.5　特色和创新点

（1）专业知识和思政教育的高度融合。本次课程重点讨论新产品创意的来源，其中消费者和技术因素是重要的来源之一。在本案例中，消费者是指"一带一路"沿线国家中的弱势群体，关注他们对疫苗的需求恰恰是海尔生物开发疫苗冰箱的创意来源。同时也考虑到当地消费环境特征，采取了太阳能的新技术，从而增加了新产品开发的成功概率。因此本次课程的专业知识内容与思政教育是高度融合的。

（2）案例紧密结合中国"一带一路"倡议。教育部《高等学校课程思政建设指导纲要》要求帮助学生了解相关专业和行业领域的国家战略、法律法规和相关政策，该案例响应号召介绍国家重要战略政策。本案例引导学生关注中国"一带一路"倡议，关注热点话题，激发学生的学习兴趣。

12.6 效果体现

（1）案例分析后，学生更深刻地理解新产品创意来源的知识点，引发学生的学习兴趣。

（2）案例分析后，学生进一步认识到产品与社会的关系，理解产品对社会发展的价值和作用。

（3）案例分析后，学生更深刻地理解"一带一路"倡议等国家重大发展战略，以及进一步思考如何将自己的学习和工作融入国家重大战略中。

13 敢于说"不"：勇做资本市场的"吹哨人"

——审计学课程思政教育教学典型案例

杨清香　朱雨镕

13.1　课程的基本信息

13.1.1　课程简介

审计是党和国家监督体系的重要组成部分，是推进国家治理体系和治理能力现代化的重要力量。习近平总书记在中央审计委员会第一次会议上强调，"努力构建集中统一、全面覆盖、权威高效的审计监督体系，更好发挥审计在党和国家监督体系中的重要作用"。为此，必须以国家经济发展需求和行业发展趋势为导向，建立分类型、分层次的审计人才能力框架体系，持续创新审计人才培养方式方法，推动审计人员专业技能和职业道德素养全面提升。

《审计学》课程以国家经济发展需求和审计高质量发展为指引，聚焦注册会计师审计，讲授注册会计师审计的基本理论、方法体系和思维方式。审计要求先修《会计原理》《财务会计》《成本会计》《财务管理》等，是一门综合性很强又极其抽象的专业核心课程。审计又是企业事业单位不可或缺的监督职能，具有广泛的社会需求。因此，审计是一个具有较高技术门槛且有广泛需求的职业，而审计思维也是纪检监察、巡视、稽核等工作中必备的一种思维能力。

13.1.2　课程内容

《审计学》课程秉承"专业能力培养和价值观塑造"的教育教学理论，采用理论讲授与大量案例相结合的方式，相机融入思政与育人元素，依次讲解"审计在经济发展和国家治理中的价值、概念、类型和特点等基础知识，审计环境和执业规范体系，审计目标与审计证据获取过程和方法，主要业务循环的审计实务，终结审计和审计报告"（见图13-1）。

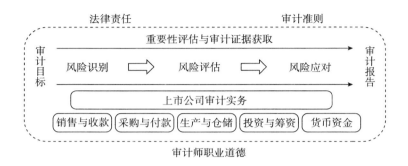

图13-1　《审计学》课程内容体系

13.1.3　课程目标

审计学课程的教学目的主要体现在专业知识讲授、专业能力培养和价值观塑造三个方面。

通过专业知识传授和能力训练，让学生能够：①了解审计环境和审计执业体系，熟练掌握审计准则、审计职业道德及其运用；②掌握审计的基本概念、原理、技术和方法，理解审计目标、审计证据、重要性和审计风险模型及其运用，特别把握审计证据、重要性和审计风险之间的关系，以及这种关系对审计工作的影响；③将上述原理方法运用于审计实践，掌握上市公司重要业务循环与交易的审计程序和方法，并进行审计报告决策；④了解审计理论发展的前沿动态，识别机遇和挑战，把握问题并对其进行思考和浅尝性探索。

通过在专业知识中融入"职业道德""高质量发展理念"等积极向上的三全育人思想以及挖掘案例中相关思政元素与育人元素，让学生能够：①在掌握审计理论知识和业务水平的同时，塑造出健全的人格和较高的职业道德修养；②从中审亚太对虚假财报勇敢说"不"的案例中学习审计师职业精神和职业价值观，激励学生在未来的职业生涯中保持职业操守，严守道德底线；③从对虚假财报说"不"的反舞弊实践中总结经验，提升职业怀疑和职业判断能力，提升审计质量，助推审计行业高质量发展。

13.1.4　授课对象

会计学本科生。

13.1.5　使用教材

陈汉文. 审计（第 4 版）［M］. 北京：中国人民大学出版社，2020.

13.1.6　课程课时

1 课时。

13.2　实例章节信息

13.2.1　教学章节

第十二章：审计报告——审计报告决策。

13.2.2　教学内容

"审计师职业道德基本原则"是《审计学》第十二章第二节的内容，本课程的内容讲授与"敢于说'不'：勇作资本市场的'吹哨人'！"这一典型案例相结合，让学生思考：不同审计意见类型之间的本质区别是什么？审计师出具某一类型审计报告的决策依据和决策逻辑是什么？特别是，保留意见与否定意见之间、保留意见与无法表示意见之间如何进行职业判断和决策？其中的难点与挑战何在？通过老师计授和学生思考，让学生深刻理解否定意见与保留意见、否定意见与无法表示意见之间的决策原则、奥妙与技巧，以及不同审计报告对于资本市场的重要意义，从而培养学生诚信为本和恪守准则的意识，增强其职业判断能力，提升审计执业质量，助推审计行业高质量发展。

13.2.3　教学目标

理解不同审计报告类型及其适用情形；掌握审计报告的决策依据与决策逻辑；培养审计报告决策过程中的职业道德操守和职业判断能力（重难点）；体会职业怀疑态度、职业道德和职业判断能力在审计报告决策中的运用。

13.2.4　教学课时

1 学时。

13.3　案例介绍

敢于说"不"：勇作资本市场的"吹哨人"

（1）案例主角与它的审计客户。

中国资本市场发展近30年，审计师对上市公司出具否定意见审计报告的情形实为罕见。2020年8月24日，中审亚太会计师事务所（以下简称"中审亚太"）对上海富控互动娱乐股份有限公司（以下简称"富控互动"）2019年度财务报表出具了否定意见的审计报告，成为上市公司自2001年以来第一家被出具否定意见审计报告的案例，也是2019年披露年报的3813家上市公司中绝无仅有的案例。

案例的主角为富控互动2019年年报提供审计服务的中审亚太，是一家具备证券、期货相关业务及审计资格的大型会计师事务所。在接受富控互动聘任当年，中审亚太共有19家分所、38位合伙人，注册会计师达到380人，财务报表审计业务中上市公司客户数量为12家，收入达3.63亿元，位列中国注册会计师协会（以下简称"中注协"）发布的"综合评价前100家会计师事务所"第27位。①

富控互动为此案中另一个被关注的对象，富控互动于1992年首发上市，此后经过多次股权变更及借壳，相关主营业务也随之变更，从电子产品到房地产直至文化娱乐产业。作为一家老牌上市公司，富控互动初期的主营业务集中在电子产品生产及销售上。进入21世纪后，伴随着房屋制度改革的推进及房地产市场的繁荣，富控互动进入房地产开发经营、物业管理、建材贸易等新业务领域，并在2013年通过借壳的方式，介入混凝土桩类产品的研发、生产和销售及相关技术服务领域。随着节能减排、转型升级、绿色发展等理念的推出，富控互动自2017年开始通过并购重组的方式进入游戏研发及运营领域，以期寻求新的利润增长点及战略转型。富控互动在2013年借壳、在2016年并购上海宏投网络科技有限公司（重要子公司1）、2017年并购百搭网络公司（重要子公司2）时均涉及对赌协议，这些交易安排在试图推动公司转型的同时，也给上市公司主体带来

---

① 上海富控互动提示股份有限公司年报和公告。

了很大的资金压力，并为此后上市公司的关联方占款、对外担保、信息披露违规等一系列不当行为埋下伏笔。

（2）中审亚太中途接下"烫手山芋"。

2019 年以前，多家会计师事务所为富控互动提供了财务报表审计服务和部分内部控制审计服务。随着公司规模的急剧扩大以及业务的多元化，经营风险和财务风险也陡然增大，审计收费一路上涨，而财务报表审计意见却并不乐观（见表 13-1）。其中，在被出具否定意见审计报告之前的两年，富控互动已分别被众华会计师事务所、中汇会计师事务所出具了无法表示意见（2017 年）和保留意见（2018 年）的审计报告，导致上述非标意见的理由包括因借款带来诉讼纠纷、大额资金往来、关联企业担保、股权交易争议等，强调事项主要涉及诉讼事项、下属子公司部分定期存款（因担保等）被划转以及被监管部门立案调查。

表 13-1　富控互动历年审计师、审计费用和财报审计意见

时间	会计师事务所	审计费用（万元）	审计意见
2013~2017 年	众华会计师事务所	130~195	财报审计和部分年度内控审计（略） 2017 年财报无法表示意见
2018 年	中汇会计师事务所	300	财报保留意见+强调事项
2019 年	中审亚太会计师事务所	400	财报否定意见，更正后仍为无法表示意见

资料来源：根据上市公司公开资料整理。

富控互动原本已经委托中汇继续为其提供 2019 年的财务报表审计服务，但因"部分债权人"要求，在未完成审计工作且已接近年报披露日时予以解聘，转而变更中审亚太为其提供审计服务。上市公司 2020 年 6 月 5 日发布的《关于变更 2019 年度财务审计及内部控制审计机构的公告》显示，发生事务所变更的具体原因是"因为公司涉及巨额的债务纠纷、经营困难"，为解决上市公司的相关债务问题，"部分债权人"提议更换会计师事务所，"公司根据未来业务发展需要，经与中汇会计师事务所协商同意"，将年审机构更换为中审亚太会计师事务所。

（3）中审亚太会被收买吗？

根据中注协发布的《2019 年度综合评价前 100 家会计师事务所信息》，中汇事务所年度收入、综合排名等指标均位列中审亚太之前（见表 13-2）。富控互动将上市公司的年审机构由综合排名第 20 位的中汇变更为了第 27 位的中审亚太，结合之前连续两年的非标意见、年度审计费用从 300 万元陡增至 400 万元，其背后原因耐人寻味。业界同仁不禁会问：富控互动的问题究竟有多严重？

表 13-2　变更前后两家事务所 2019 年部分指标

会计师事务所	年度收入（万元）	注册会计师数量	执业超过 5 年且年龄在 60 周岁以下的注册会计师数量	与事务所统一经营的其他专业机构业务收入（万元）	综合排名
中汇	63593.32	580	275	97113.89	20
中审亚太	36317.12	406	227	2258.33	27

资料来源：中注协《2019 年度综合评价前 100 家会计师事务所信息》及网站公告资料整理。

（4）说"不"的勇士。

原本已经延期至 2020 年 6 月 24 日披露定期报告的中审亚太，再次推迟了 2 个月，直至 8 月 24 日才发布了 2019 年首份否定意见的财务报表审计报告。一经发布顿时引起资本市场和监管部门的高度关注，中国证监会上海证监局、上海证券交易所连续发布多份监管函，火速问询。在资本市场监管"零容忍"和高压态势下，富控亚太对其财务报表中存在的重大错报进行了更正①，相关更正对报表项目的影响如表 13-3 所示。

表 13-3　2019 年上市公司报更正事项影响　　　　　　　　　　单位：亿元

报表项目	更正前	调整数	更正后
资产负债表			
其他应付款	5.41	11.06	16.47
预计负债	2.93	19.54	22.47
未分配利润	1.32	-30.60	-29.28
归属于母公司股权权益合计	7.51	-30.60	-23.09
利润表			
投资收益	30.44	-29.92	0.52
营业外支出	5.35	0.68	6.03
利润总额	43.29	-30.60	12.69
归属于母公司股东的净利润	43.13	-30.60	12.53

资料来源：根据上市公司年报整理。

可以看出，冲回投资收益及补记预计负债对当期的利润累计影响额高达

---

①　根据已有的信息披露，富控互动在 2019 年度冲回预计负债 18.86 亿元（其中涉及的担保款项 12.85 亿元，共同债务人 6.01 亿元），同时还冲回应付利息 11.06 亿元（主要为金融机构的借款利息及罚息），两者之和 29.92 亿元确认为投资收益。而根据 2020 年 11 月 23 日披露的审计报告显示，该事项被予以更正；同时，根据资产负债表日后事项，即 2020 年 8 月 26 日山东省高级人民法院的判决书，更正年报中补记了预计负债 0.68 亿元。

30.60亿元，由此资产负债表中归属于母公司的股东权益由正（7.51亿元）转负（-23.09亿元），利润表中的"归属于母公司股东的净利润"直降70.95%，还原了公司财务状况及经营成果的真实，提高了财务报表质量和审计质量。这不仅为投资者和债权人决策提供了真实可靠的信息支持，也是注册会计师行业高质量发展的体现。

通过中审亚太对富控互动虚假财务报表勇敢说"不"的典型案例，让学生深刻理解和领悟作为一名审计师，不仅要具备以专业知识、专业技能为核心的专业胜任能力，能够洞穿财务报表数字背后的交易与商业实质；还应具有以职业道德、职业谨慎和职业怀疑为核心的专业精神，面对虚假财务报表敢于说"不"。只有这样，才能促进行业诚信水平和审计服务质量的双重提升，实现注册会计师行业的高质量发展。

13.4 案例使用说明

13.4.1 案例价值

国家"十四五"规划纲要：以高质量发展为主题。

注册会计师行业发展"十四五"规划：以维护市场经济秩序和公众利益为根本目的，强化对职业道德基本原则的遵循，推进职业道德与专业素质相结合，加快构建审计行业高质量发展体系。

13.4.2 教学安排

（1）案例导入。通过案例引发学生思考：不同类型的审计报告传递的信息有何不同？产生哪些后果？审计师是如何进行审计报告决策的？其决策依据与决策逻辑是什么？在审计市场竞争激烈的环境下，面对客户利益诱惑和审计职业操守的双重考验，审计师该如何选择？

（2）知识讲授。一方面，让学生带着疑问走进"审计报告"课堂。另一方面，老师结合案例讲授审计报告有哪些类型？分别传递什么信息？产生哪些后果？审计师如何进行审计报告决策？决策依据和决策逻辑是什么？审计报告决策中如何运用职业道德、职业怀疑与职业判断？面对客户的利益诱惑和审计职业道德要求，审计师该如何抉择？审计师如何提升行业形象？如何助推审计行业高质量发展？等等。

讲授过程中，老师均以"案例导入—内容讲授—回到案例"的方式展开，将职业道德教育和高质量发展理念融入教学中，让学生在学习专业知识的过程中深入思考审计职业的使命担当和注册会计师行业高质量发展，潜移默化地实现知识教授、能力培养与价值塑造相统一的教育目的。

（3）课堂总结与课后练习。在总结本节内容的基础上，强调审计职业道德和审计高质量发展理念。布置课后作业——同步测试题18审计报告，巩固和检查学习效果。

13.5 特色和创新点

（1）将职业道德与高质量发展理念两个思政元素与专业教育相融合，树立以职业道德建设提升审计行业高质量发展的新理念。专业化是注册会计师行业作为专业服务业的本质特征，而以职业道德、职业判断、职业怀疑为核心的专业精神是专业化的核心，是提升审计质量从而实现行业高质量发展的关键。"十四五"时期是注册会计师行业应对变局、实现高质量发展的新阶段，职业道德建设对于提升专业化水平和审计质量意义重大。本课程所挖掘、提炼的思政元素为职业道德和高质量发展理念，通过专业知识与该思政素材的结合，让学生认识到坚守职业道德对于提升审计质量的重要意义，助力注册会计师行业高质量发展。

（2）与当前教学中大多采用负面审计案例相比，充分挖掘正面审计典型案例更能发挥对学生的职业激励作用。当前的审计教材和教学，大多通过负面案例来揭露当前审计行业中存在的问题及其后果，让学生从中吸取教训。然而，负面案例过多，难免让学生对审计职业和资本市场失去信心，因此确有必要挖掘正面审计案例，并充分发挥其职业激励作用。本课程通过讨论中审亚太如何坚守职业道德，以及对提升审计质量和保护投资者利益的积极作用，深刻揭示了职业道德对于审计师及审计行业高质量发展的重要性，启发学生在道德困境下该如何进行审计报告决策等。这不仅能够实现思政内容与专业知识的有机融合，而且能激励学生对审计职业发展充满信心，从而实现以职业道德提升促进审计行业高质量发展。

（3）以"案例引入—知识讲授—启发激励—道德升华"为主线，达到从学习知识到启发激励再到道德升华的价值引领目的。首先通过"敢于说'不'：勇作资本市场的'吹哨人'"导入案例，让学生们对审计报告决策中"坚守职业道德"及其在资本市场中的积极作用产生初步印象；其次在识记不同审计意见类型、审计报告决策依据与决策逻辑的基础上，体会以职业道德、职业怀疑、职业判断为核心的专业能力在提升审计质量中的作用与奥妙，完成"识记"到"体会""启发"再到"升华"的进阶；最后通过专业知识与思政内容的有机融合，达到育人育才、价值引领的目的。

13.6 效果体现

（1）掌握专业知识与职业道德、高质量发展的融合运用。掌握审计报告决策中职业道德对于审计师的重要意义；如何在审计报告决策中坚守职业道德；领悟坚守职业道德对提升审计质量的积极作用以及其中的奥妙等。

（2）具备分析和解决实际问题的能力。在掌握专业知识和职业道德的基础上，能够对现实中的典型案例作出职业判断，甄别审计师面临的道德困境类型，并能够举一反三地运用审计报告决策依据与决策逻辑提出可行性解决方案。

（3）坚守注册会计师职业价值观。在掌握专业知识和培养专业能力的基础上，结合对"敢于说'不'：勇作资本市场的'吹哨人'"典型案例讨论，引领学生领会习近平新时代中国特色社会主义思想，坚守注册会计师职业价值观。学生的发言和分组讨论结果表明，学生深刻理解了各个知识点之间的内在逻辑，切实掌握了各知识点与职业道德及审计行业高质量发展之间的内在关联性，树立了"以道德提升为主线、推动高质量发展"的育人思想，明确了审计师不仅需要扎实的理论和专业水平，更需要较高的职业道德修养，还需要明确行业发展目标。可见，通过这一典型思政案例分析与专业知识讲授，潜移默化地实现了知识讲授与价值引领相统一的教育目标，也激发学生投身审计行业热情，为推动审计行业高质量发展奉献青春。

14 非诚信不能立身：从正中珠江虚假审计报告说起

——审计学课程思政教育教学典型案例

杨清香　侯易辰

14.1　课程的基本信息

14.1.1　课程简介

课程简介详见本书第 13 章。

14.1.2　课程内容

课程内容详见本书第 13 章。

14.1.3　课程目标

审计学课程的教学目的主要体现在专业知识讲授、专业能力培养和价值观塑造三个方面。

通过在专业知识中融入"社会主义核心价值观""客观公正与诚实守信的道德观""立德树人"等积极向上的三全育人思想以及挖掘案例中相关思政元素与育人元素，让学生能够：①在掌握审计理论知识和业务水平的同时，塑造出健全的人格和较高的职业道德水平；②从实际舞弊和腐败案例中吸取教训，告诫自己在未来的职业生涯中保持职业操守，严守道德底线，遵纪守法；③从反舞弊和反腐败中总结经验，不断提升甄别舞弊和反腐败的能力，从而全面提升与国家治理能力现代化相适应的审计监督体系，为资本市场有序高效和社会经济高质量发展保驾护航；④将社会主义核心价值观——诚信引进课堂，通过介绍我国资本市场上市公司审计实践，培养学生诚信自强、诚信为本的审计行业文化，将诚信文化建设与行业发展紧密结合，切实提高国家经济信息质量和资本市场配置效率。

14.1.4　授课对象

会计学本科生。

14.1.5　使用教材

陈汉文．审计学（第 4 版）［M］．北京：中国人民大学出版社，2020.

14.1.6　课程课时

64 学时。

14.2　示例章节信息

14.2.1　教学章节

第二章：注册会计师职业道德基本原则——诚信。

14.2.2　教学内容

"审计师职业道德基本原则"是《审计学》第二章第二节的内容，本课程的内容讲授与"非诚信不能立身：从正中珠江虚假审计报告说起"这一典型案例相结合，让学生思考：审计师为什么要遵守职业道德基本原则之"诚信"？审计师诚信和不诚信的行为表现分别有哪些？作为审计师，不诚信可能产生哪些后果？通过老师讲授和学生思考，让学生深刻理解诚信对于审计师的重要性，以及对于资本市场的重要意义，从而培养学生诚信为本、坚守准则、德才兼备、以德为先的意识，将诚信文化建设与职业发展紧密结合，更好地为建设中国特色社会主义市场经济提供高质量服务。

14.2.3　教学目标

（1）理解审计师职业道德基本原则。

（2）了解审计中可能面临的道德窘境。

（3）掌握处理审计职业道德窘境的框架思路（教学重难点）。

14.2.4　教学课时

1 学时。

14.3　案例介绍

非诚信不能立身：从正中珠江虚假审计报告说起

正中珠江会计师事务所在对康美药业 2016～2018 年财务报表审计中未能坚持诚信原则和勤勉尽责，未能发现康美药业在 2016～2018 年存在的重大造假行为：康美药业披露的 2016～2018 年财务报告存在重大虚假，包括使用虚假银行单据虚增存款，通过伪造业务凭证进行收入造假，部分资金转入关联方账户买卖本公司股票。根据中国证券监督管理委员会（以下简称"证监会"）调查结果显示：康美药业 2016 年年报虚增货币资金 225.8 亿元；2017 年年报虚增货币资金 299.4 亿元；2018 年半年报虚增货币资金 361.9 亿元。由此，康美的造假力度成为 A 股史上最大规模的财务造假案。

2021 年 11 月 12 日，证监会对正中珠江作出了行政处罚决定。证监会指出，正中珠江在对康美药业 2016 年、2017 年、2018 年财务报表审计过程中，未按照《中国注册会计师职业道德守则第 1 号——职业道德基本原则》等相关要求，执行规范的审计程序，获取充分适当的审计证据，形成真实客观的审计结论，发表正确的审计意见，出具的财务报表审计报告存在虚假，该行为违反了 2005 年《证券法》第一百七十三条有关规定，构成 2005 年《证券法》第二百二十三条所述"证券服务机构未勤勉尽责，所制作、出具的文件有虚假记载、误导性陈述或者重大遗漏"的行为。根据当事人违法行为的事实、性质、情节与社会危害程度，依据 2005 年《证券法》第二百二十三条，证监会决定对广东正中珠江会计师事务所（特殊普通合伙）责令改正，没收业务收入 1425 万元，并处以 4275 万元罚款；对杨文蔚、张静璃、苏创升给予警告，并分别处以 10 万元罚款；对刘清给予警告，并处以 3 万元罚款。

2021 年 11 月 12 日，广州中院作出（2020）粤 01 民初 2171 号《民事判决书》，康美药业的审计机构广东正中珠江会计师事务所，因未实施基本的审计程序，严重违反了相关法律规定，导致康美药业严重财务造假未被审计发现，被判决承担100%的连带赔偿责任。作为正中珠江所合伙人以及康美药业年报审计项目的签字会计师，杨文蔚在执业活动中因重大过失造成正中珠江需承担赔偿责任，也被判在正中珠江所承责范围内承担连带赔偿责任。此外，正中珠江服务的25个IPO项目均被中止审查，107家A股客户全部转投他所。

通过正中珠江因出具虚假审计报告的典型案例，让学生深刻理解和领悟：作为一名审计师，只有牢记和坚守诚信等职业道德基本原则，勤勉尽责，才能让自己的审计专业能力在资本市场上发挥更大的作用，才能真正保护中小股东等投资者的利益，也才能最终在审计市场上站稳脚跟并发展壮大。

14.4 案例使用说明

14.4.1 案例价值

社会主义核心价值观：诚信。

14.4.2 教学安排

（1）案例导入。通过案例引发学生思考：审计师为什么要遵守职业道德基本原则之"诚信"？审计师诚信和不诚信的行为表现分别有哪些？作为审计师，不诚信可能产生哪些后果？

（2）知识讲授。一方面，让学生带着疑问走进"审计师职业道德基本原则"课堂。另一方面，老师结合案例讲授为什么审计行业比其他任何行业都更强调职业道德？审计师在执业过程中应遵循哪些基本职业道德？为什么职业道德原则中"诚信"首当其冲？审计师的诚信和不诚信表现在哪些方面？现实审计中，哪些情形可能妨碍审计师坚守诚信？当面临诚信困境时，审计师应采取何种措施消除或降低这种不利影响？等等。

在讲课过程中，老师均以"案例导入—内容讲授—回到案例"的方式展开，将诚信等职业道德和社会主义核心价值观教育融入教学之中，让学生在学习专业知识的过程中深入思考在审计职业的使命和责任，潜移默化地实现知识教授、能力培养与价值引领相统一的教育目的。

（3）课堂总结与课后练习。在总结本节内容的基础上，强调诚信为本的职业道德精神。布置课后作业——同步测试题2审计执业规范体系，巩固和检查学习效果。

14.5 特色和创新点

（1）将特色思政元素与当前审计行业发展形势和要求紧密结合，树立以诚信提升审计行业高质量发展的理念。"十三五"以来，注册会计师行业深入贯彻习近平总书记系列重要讲话精神和注册会计师行业要"紧紧抓住服务国家建设这个主题和诚信建设这条主线"的重要批示精神，行业诚信建设扎实推进，审计人员素质稳步提升，执业质量规范化水平明显提升。"十四五"时期，审计行业进入高质量发展新阶段，审计人才建设着力向素质提升转型，即以行业诚信建设为主线，切实把诚信建设要求贯彻到教学、考试、执业、监管等各个环节，真正以诚信驱动行业审计质量提升。本课程所挖掘、提炼的思政元素为社会主义核心价值观——诚信，这不仅是任何一位中国公民应树立的核心价值观，更是一名审计师必须坚守的基本职业道德底线，通过专业知识与该思政素材的结合，寓道德修养提升于专业知识和能力提升中，培养学生的诚信意识和底线意识。

（2）将审计师的诚信原则扩展到我国社会主义核心价值观，实现提升专业素养和坚守社会主义核心价值观的双重目的。坚持习近平新时代中国特色社会主义核心价值观铸魂育人和立德树人基本任务，需要引导学生了解审计行业对我国经济高质量发展和建立多层次资本市场体系的重要意义。在此基础上，引导学生了解诚信建设对审计行业和审计职业发展的深远意义。本课程结合我国社会主义核心价值观——诚信，系统阐述诚信对审计师的重要性、实践中审计师如何甄别不诚信行为及其后果、如何判断诚信困境并采取措施加以解决等，不仅能够完成思政内容与专业知识的有机融合，而且能够让学生对诚信原则有更深刻的理解，让学生明白坚守诚信是审计职业发展的基石，最终实现提升专业素养和坚守社会主义核心价值观的双重目的。

（3）以"案例引入—知识讲授—现实应用—道德升华"为主线，达到从学习知识到启发思想再到道德升华的良好效果。本课程的学习，首先通过"非诚信不能立身：从正中珠江虚假审计报告说起"导入案例，让学生们对审计执业中的"不诚信"行为产生初步印象；其次在识记审计师职业道德基本原则的基础上，领会审计执业中"诚信"的内涵与行为表现、现实中有诚信困境以及审计师如何消除或缓解这种困境，完成"识记"到"领会""应用"再到"升华"的进阶；最后通过专业知识与思政内容的有机融合，最终达到育人育才、润物细无声的目的。

14.6　效果体现

（1）掌握专业基础知识和道德判断。掌握审计师应遵循的基本职业道德原则，诚信原则对审计师的非凡意义；识别审计师的不诚信行为，意识到其后果；在现实中审计师可能面临的诚信困境；掌握解决诚信困境的一般框架思路。

（2）具备分析和解决实际问题的能力。在掌握专业基础知识和道德判断能力的基础上，能够对现实中的典型案例作出职业判断，甄别审计师面临的道德困境类型，并能够举一反三地运用审计师职业道德框架思路提出可行性解决方案。

（3）坚守社会主义核心价值观。在掌握专业知识和培养专业能力的基础上，结合对"非诚信不能立身：从正中珠江虚假审计报告说起"典型案例讨论，引领学生领会习近平新时代中国特色社会主义思想，践行社会主义核心价值观。学生的发言和分组讨论结果表明，学生掌握了各个问题与知识点之间的内在逻辑和关联性，树立了"诚实守信、守正创新"的育人思想，明确了审计师不仅需要扎实的理论和专业水平，更需要较高的职业道德修养。可见，通过这一典型思政案例分析与专业知识讲授，潜移默化地实现了知识讲授与价值引领相统一的教育目标，也激发了学生投身国家建设和审计行业高质量发展的动力活力。

15　财务管理，伦理先行：对瑞幸咖啡财务造假事件的反思

——财务管理课程思政教育教学典型案例

吴晓兰

15.1　课程的基本信息

15.1.1　课程简介

财务管理是管理专业的一门重要的专业课，它是研究如何组织企业资金活动、如何处理企业与各方面财务关系的一门学科。其教学目的：一是给企业的财务决策实践提供理论和分析的思想框架；二是使学生了解企业在市场经济体制中如何使企业的财务决策能够更好地适应于市场体系。本课程一方面为各专业课打下业务理论基础；另一方面对各专业课起综合作用，说明它们如何配合才能实现企业的财务目标。

15.1.2　课程内容

财务管理课程的教学内容包括：财务管理的基本概念、目的和对象；货币的时间价值和投资的风险价值分析；财务分析的基本方法和各种财务指标的分析运用；企业筹资的渠道和方式；投资的类型和投资决策的方法；资本资产定价基本理论及应用；营运资金管理的方法；资本成本的概念、计算与资本结构的基本理论；股利分配的目的和政策以及股利分配的程序和种类。课程结构如图 15-1 所示。

15.1.3　课程目标

（1）了解财务管理在企业经营中的重要性，把握财务管理与企业其他职能管理（运作、营销、人力资源等）之间的关系。

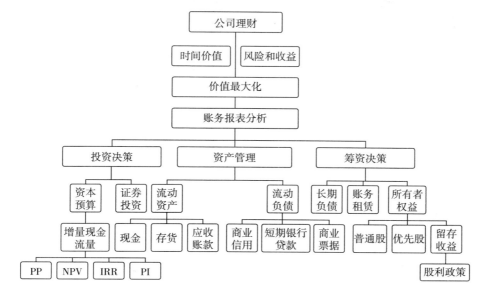

图 15-1 课程结构

（2）系统学习财务管理的基本理论知识，全面掌握财务管理的内容和方法体系。

（3）深刻理解公司所处的金融环境及相关财务决策对公司价值的影响。

（4）了解复杂金融环境下，国际国内知名企业的财务管理实践问题，培养学生创造性地解决财务问题的能力。

（5）熟练运用 Excel 等工具建立财务模型对公司进行分析、评价、预测和估值。

（6）课程在人才培养目标中的价值引领方面，体现出"立德树人""推进社会主义核心价值观教育""秉承客观公正、诚实守信、承担社会责任等积极向上的价值观"的育人思想，在课程教学中融入"课程思政"。

15.1.4 授课对象

财务管理专业本科生。

15.1.5 使用教材

［美］James C. Van Horne，John M. Wachowicz Jr. 财务管理基础（第 13 版）［M］. 刘曙光，译. 北京：清华大学出版社，2009.

15.1.6 课程课时

40 学时。

15.2 示例章节信息

15.2.1 教学章节

第六章：财务报表分析。
第一节　财务报表
第二节　一个可用的分析框架
第三节　资产负债表比率
第四节　损益表和损益表/资产负债表比率
第五节　趋势分析
第六节　百分比分析和基期比较分析

15.2.2 教学内容

资产负债表的作用、结构及其重点要素；损益表的作用、结构及其重点要素；常用的财务报表分析方法；重要财务比率的概念及计算；杜邦财务分析体系的构成。

15.2.3 教学目标

（1）了解财务报表的功能、结构及相互联系。
（2）明确不同的报表使用者对报表核心信息的关注差异。
（3）熟练掌握重要财务比率的计算、意义及作用。
（4）能够使用多种财务报表分析方法来对企业进行全面的财务状况分析。
（5）帮助学生认识财务造假行为的恶劣性及严重性，引导学生树立客观公正、诚实守信的价值观，深刻理解财务管理的职业伦理和职业道德。

15.2.4 教学课时

3 学时。

15.3 案例介绍

财务管理，伦理先行：对瑞幸咖啡财务造假事件的反思

1999 年 1 月，星巴克进入中国大陆，给了中国年轻群体很大的小资文艺空间，稳稳坐拥咖啡行业最大市场份额。随着移动互联网的兴起，各路人马都盯上了咖啡市场。消费者在需要更便宜的好咖啡的同时，需要更便利地买到咖啡。小蓝杯"瑞幸咖啡"开始向星巴克发起了勇猛的挑战。

自 2017 年 10 月瑞幸咖啡首家测试门店在北京开业，经历了 6 个多月的试营业后，2018 年 5 月 8 日，这家前期投入资金超过 10 亿元、自带网红属性的咖啡店正式宣布营业，已开业和即将开业的门店覆盖了 13 个城市，达到 525 家。瑞幸在半年时间内完成了英国咖啡巨头 COSTA 在中国市场用时 13 年布局的门店数量，累计完成订单约 300 万单，销售咖啡约 500 万杯。

惊人的扩张令瑞幸咖啡仅用了 18 个月时间就实现了 IPO，于 2019 年 5 月 17 日成功登陆纳斯达克，市值达到 42.5 亿美元，刷新了互联网公司上市速度的纪录。而从 2019 年 4 月瑞幸咖啡公布的招股说明书中可以得知，瑞幸咖啡在 18 个月的运营时期内业绩欠佳，一直处于持续亏损的状态，累计亏损额已经高达 22.3 亿元（约合 3.3 亿美元）。

2020 年 1 月 10 日，借"进军无人零售"的热度，瑞幸咖啡增发了 1380 万股美国存托股份（ADS），每股发行价为 42 美元，价值 6.7 亿美元，同时发行了 4.6 亿美元 2025 年到期的可转债，总融资额为 11.3 亿美元。

2020 年 1 月 31 日，美国的一家专业做空机构浑水公司（Muddy Waters Research）公布了一份内容翔实的研究报告，通过实地观察、视频记录、实物验证、票据核实等多种方法用充足的证据指控瑞幸咖啡财务造假，夸大了门店的每日订单数量、商品的售价、每笔订单的商品数量、广告支出等多个数据，认为瑞幸咖啡的商业模式存在明显的缺陷，报告长达 89 页。

2020 年 4 月 2 日，瑞幸咖啡发布公告承认，在进行 2019 年年度审计期间发现公司相关业务数据存在一些问题，经过董事会设立的特别委员会所做的内部调查，发现瑞幸咖啡 COO 刘剑以及某位董事确实存在业务数据造假行为。根据瑞幸咖啡披露的 2019 年第三季度业绩报告，公司 2019 年前三季度总收入为 29.3

亿元。而造假行为始于 2019 年第二季度，从第二季度到第四季度伪造交易金额高达 22 亿元，相对应的成本费用也呈现大幅度的虚高。瑞幸咖啡财务造假的消息对市场造成强烈震动，公司股票数次停止交易，股价短时间内暴跌 80%，导致瑞幸咖啡市值大幅缩减（见表 15-1）。

表 15-1 瑞幸咖啡（Nasdaq：LK）市值统计对比

时间	总市值（万元）	总市值（万美元）	流通市值（万元）	流通市值（万美元）
2019 年 12 月 31 日	6598993.30	945929.49	1148907.43	164689.58
2020 年 4 月 8 日	784151.31	110538.82	301724.42	42532.94

资料来源：Wind 数据库，2020 年 4 月 8 日 Wind 实时汇率；流通市值的统计含限售股。

2020 年 5 月 19 日，瑞幸咖啡在官网发布通知，公司于 2020 年 5 月 15 日收到了美国证券交易委员会上市资格部门的书面通知，纳斯达克交易所决定将公司摘牌。曾被誉为"民族之光"的瑞幸咖啡，从创立到上市，仅仅用了一年半，刷新了全球 IPO 的最快纪录，也在上市周年庆迎来退市的消息。

截至 2020 年 6 月 25 日美股收盘，瑞幸咖啡纳斯达克股票市值仅剩 3.5 亿美元，6 月 26 日，瑞幸咖啡又以股价暴跌 54% 收盘。至 6 月 29 日，瑞幸咖啡开盘再度暴跌 30.07%，股价仅为 0.965 美元，正式进入 OTC 市场交易。

瑞幸咖啡在前期经营绩效不理想的情况下还可以用这么短的时间登陆美国纳斯达克，关键是得益于美国股票市场的发行制度。美股上市采用的是以信息披露为中心的注册制，只要准备上市的公司在招股说明书中进行了真实、准确、充分的信息披露，达到了美国证券法所规定的基本上市条件时就可以顺利完成 IPO。注册制虽然降低了上市的门槛，但配套了严格的监管制度和健全的退市制度以保证资源配置的有效性。很显然，瑞幸咖啡的财务造假行为违反了美国证券法的规定，丑闻爆出后的股价大跌也对投资人的利益造成了极为严重的损害，最终使瑞幸咖啡一夜之间从受众人追捧的"万人迷"迅速沦落为身败名裂的"阶下囚"。

从全球范围内看，这次瑞幸咖啡的财务造假事件会引发美国资本市场的投资者对中概股产生不信任感和排斥情绪，并对已经在美国上市的中国公司持有不必要的偏见，也会对未来准备在美国上市的其他中国公司造成更为深远的不利影响。

15.4　案例使用说明

15.4.1　案例价值

（1）专业元素。以瑞幸咖啡财务造假事件为背景，让学生了解财务造假的概念及常用方法等知识，熟悉财务报表的结构及主要要素，思考资产负债表、损益表及现金流量表所提供的财务信息之间的关系及联系。

（2）思政元素。瑞幸咖啡财务造假案例是近几年的热点事件，而瑞幸咖啡又是学生了解和经常消费的商品，通过对该案例的分析，可以帮助学生了解相关专业和行业领域的国家战略、法律法规和相关政策，引导学生深入社会实践、关注现实问题，培育学生经世济民、诚信服务、德法兼修的职业素养。

15.4.2　教学安排

用图片、文字结合的形式讲述案例内容，再引导学生进行讨论，正确理解课本内容和思政元素。

（1）课前准备。在课程开始前一周要求学生在课前完成案例阅读，并针对启发思考题进行初步思考。

（2）课中计划。①1~5分钟：介绍案例，提出问题，引导学生了解公司情况、行业背景和社会背景。②1~10分钟：组织学生展开讨论并发言。讨论过程中，教师可听取学生讨论，适当加以引导并做相关记录。③1~5分钟：教师针对发言内容进行归纳总结及评价。

（3）分析思路。根据本章的教学目的，分别设置相应的启发思考题（教师可根据自己的需要加以设计），并合理地融入课程思政元素，让学生既能学习到课本上的理论知识，又能及时了解当前的社会热点事件及国家的大政方针、政策调整、法律法规的修订等，理论联系实际地将学习到的专业内容应用到现实问题的分析中去。案例分析思路如图15-2所示。

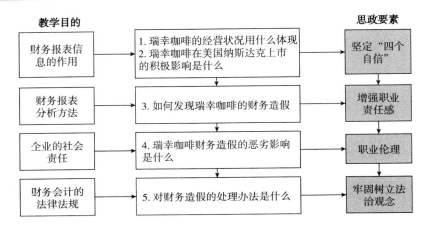

图 15-2 案例分析思路

15.5 特色和创新点

瑞幸咖啡从 2018 年起就是知名的网红品牌，在两年的快速发展中不断地吸引社会的关注和消费者的眼球。瑞幸咖啡前期的成功经验使它的资本运作和商业模式成为热议的话题，仅用一年半的时间就在美国纳斯达克成功上市更是强烈地催生了大众的"民族自豪感"，增强了"文化自信、制度自信、中国特色社会主义道路自信、理论自信"。但令人痛心的是，瑞幸咖啡很快被披露出财务造假，这种行为既违反了国家相关的法律法规，又暴露了财务人员职业伦理和职业道德的缺失。这次的事件造成瑞幸咖啡在海外资本市场和投资者心中的形象受损，给了部分居心不良的群体攻击中国的理由，对后续计划在美国上市的中国企业有明显的不利影响。

通过使用瑞幸咖啡的案例，既可以通过公司公开的财务报表进行相关数据和财务信息分析，更好地理解和掌握课程中学习的财务报表分析专业知识，又能充分地进行课程思政教育，在学生心中建立牢固的法治观念，树立起正确的价值观和职业道德观，增强"看齐意识、核心意识、大局意识、政治意识"，让每个学生都能在将来成长为一名合格的财务管理人员。

15.6 效果体现

现在的学生成长于互联网的时代，利用网络完成学习、社交、消费、娱乐等多项活动，对互联网经济也有充分的切身体验。瑞幸咖啡是学生非常熟悉的品牌，很多同学也是这个产品的消费者，因此对瑞幸咖啡的案例有浓厚的兴趣和讨论的热情。

通过瑞幸咖啡财务造假案例的引入来学习财务报表分析的相关专业知识和课程思政元素，能更好地帮助学生进入情境化教学模式，让学生在情境中生发自己对事物的原初性的感受和体验，激发他们的感性思维和探究事物内在的渴望和能力，增加学习活动的生动性、趣味性和直观性。学生对这个案例讨论的反响良好。

16 供应链的网络设计：华为打造无美供应链

——供应链管理课程思政教育教学典型案例

邓世名

16.1 课程的基本信息

16.1.1 课程简介

随着市场经济的发展，全球化已是经济常态，需求逐渐多样化、个性化，顾客对产品和服务的要求也越来越高。在竞争激烈的市场上，多数企业或许已经意识到仅依靠自身的资源整合很难发展必须寻求外部的协同与合作，而供应链管理课程是研究企业应该如何设计和改进供应链结构、流程和合作机制，实现企业自身利益最优的同时实现整个供应链的价值最大化，实现整个供应链条的资源整合与协调。本课程将战略管理的思想与数学模型有机结合，围绕供应链的设计、规划和运作方法，重点介绍供应链的六个驱动因素——设施、库存、运输、信息、采购和定价，并以这六个因素为主线，系统讲授相应的供应链管理知识，使学生能够更好地学习和掌握供应链管理基础理论和基本知识，以及供应链系统构建的相关理论和方法。

16.1.2 课程内容

供应链管理课程内容如图 16-1 所示。

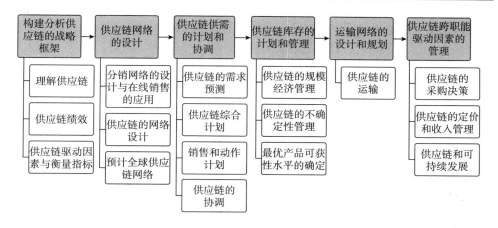

图 16-1　供应链管理课程内容

16.1.3　课程目标

（1）知识目标。通过本课程的学习，使学生了解供应链和供应链管理的基本概念及发展历程；理解网络设计在供应链中的作用，学会利用优化模型为供应链网络设计提供决策依据；深入了解供应链中包含的每个环节，理解每个环节的管理难点与应对方案。

（2）能力目标。培养学生在供应链角度，从全局出发，综合运用所学供应链管理理论和方法分析解决实际问题的能力；帮助学生建立"发现问题—信息收集—建模—寻找解决方案—得出结论"这样的系统完整的解决思路；培养学生的供应链思维，让学生注重供应链创新，提高合作意识。

（3）思政目标。将供应链专业知识的讲解与国家大政方针、国际形势、企业实际、学生个人发展紧密结合，让学生体会到供应链对国家战略和企业发展有重大影响，并能够运用知识为企业的供应链战略规划做出定量决策的支持，为供应链量化管理的时代，培养学生个人职业发展具备的重要能力。

16.1.4　授课对象

本科生、物流专业学生（必修）。

16.1.5　使用教材

［美］苏尼尔·乔普拉，等. 供应链管理（第6版）［M］. 陈荣秋，等译. 北京：中国人民大学出版社，2017.

16.1.6　课程课时

32 学时。

16.2　示例章节信息

16.2.1　教学章节

第五章：供应链的网络设计。

16.2.2　教学内容

（1）案例导入。讲述"国内国际双循环"背景，引入"华为供应链面临的问题"。

（2）知识讲授。网络设计在供应链中的作用、影响网络设计决策的因素、网络设计决策的框架及优化模型。

（3）课堂讨论。针对华为面临的问题，结合第一部分知识讲授中的内容，让学生讨论如何建立数学决策模型。

（4）课堂总结和课后任务。对课堂内容进行小结并布置课后任务。

16.2.3　教学目标

（1）理解网络设计在供应链中的作用。

（2）识别影响供应链网络设计决策的因素。

（3）提出一个制定网络设计决策的框架。

（4）利用优化模型来解决设施布局和产能分配的决策。

（5）对于我国目前所处的新发展阶段有更加深入的了解，充分认识到新发展格局是我国为积极应对国际国内形势变化而做出的战略抉择，将国家大政方针和个人发展紧密结合起来。

16.2.4　教学课时

3 学时。

16.3 案例介绍

供应链的网络设计：华为打造无美供应链

2018 年以来，美国对华为、中兴等高科技公司进行了一系列的打压和制裁。2019 年 5 月 16 日，华为被美国列入贸易管制黑名单，禁止华为以及附属的 70 家公司与美国企业进行业务往来。随后谷歌宣布不再为华为提供 GMS 框架服务，导致华为手机无法在海外正常使用，同时多家美国芯片突然断供。在随后的三年里，美国对华为进行了四次制裁。

2020 年新冠肺炎疫情暴发，全球经济动荡，国际贸易疲弱单边主义和贸易保护主义盛行，严重冲击了全球既有的产业链供应链对我国的产业链安全带来严峻的挑战。国际大循环动能明显减弱，国内大循环活力日益强劲，面临这种此消彼长的态势，在 2020 年全国"两会"期间，习近平总书记强调，要"逐步形成以国内大循环为主体、国内国际双循环相互促进的新发展格局"。必须充分发挥国内超大规模市场优势，通过繁荣国内经济、畅通国内大循环为我国经济发展增添动力，带动世界经济复苏。

从华为公司来看，也在积极推进内外双循环。一方面以内部大循环为主，不断培养、投资国内供应链，培养鸿蒙生态，与更多公司合作建立新生态。另一方面在外循环侧，保持开放合作、研发投入，同时在全球 600 多个标准组织、产业联盟、开源社区、学术组织中，担任超过 400 个重要职位。

由于华为及时采取了一系列应对措施，2019~2020 年，华为手机出货量排名仍稳居国内第一。但随着美国制裁的加剧，2021 年，华为在中国智能手机市场中的份额跌出榜单前五。在国际智能手机市场上出货量与市场份额也急剧缩水，排名跌至全球第九。具体数据如表 16-1 所示。

表 16-1 2019~2021 年华为手机国内国际销售情况

年份	中国智能手机市场		全球智能手机市场	
	出货量（百万部）	占市场份额（%）	出货量（百万部）	占市场份额（%）
2019	142	38.5	240.6	17.5
2020	124.9	38.3	189	14.6

年份	中国智能手机市场		全球智能手机市场	
	出货量（百万部）	占市场份额（%）	出货量（百万部）	占市场份额（%）
2021	29.2	9.3	35	3

资料来源：Canalys Estimates, Smartphone Analysis, January 2020.

由于美国单方面修改芯片规则，严重限制了华为购买能力，2020 年华为采购芯片的金额达到了 227.1 亿美元，2021 年已经降到了 153.82 亿美元，同比下降 32%。为了规避供应中断的风险，华为走芯片自研自制的道路，但同时也面临着高昂的成本投入。芯片制造行业"烧钱"严重，随着芯片制程的逐渐缩小，建厂所需的投入会不断高速攀升。据公开数据显示，7 纳米工艺，建厂成本为 120 多亿美元；而 5 纳米工艺建厂成本为 160 亿美元。单位成本上看，5 纳米晶圆单片的成本比 7 纳米工艺晶圆成本高了 80%。当然搭载 5 纳米芯片的手机市场价格也比搭载 7 纳米工艺芯片的手机平均高约 1500 元。

关于芯片成本，业内人士估算一颗 5 纳米的麒麟 9000 芯片，单颗总成本可能在 230 美元左右。而如果对外采购芯片，2021 年的 5 纳米骁龙 888 据专业人士估计为 250 美元，2022 年高通新处理器的价格可能高达 315 美元上下。

16.4　案例使用说明

16.4.1　案例价值

（1）专业元素。供应链的网络设计决策的实践。通过"国际国内双专业元素：循环新格局"的案例。让学生认识到网络设计决策在实践中要考虑战略、技术、宏观经济、政治、基础设施和操作等多方因素，从而进行最符合当前发展要求的供应链网络设计。通过"华为打造无美供应链"的案例，让学生能够在实际背景下学习利用优化模型来做出供应链网络设计决策。

（2）思政元素。通过讲述"双循环"新发展格局和华为打造无美供应链战略，让学生对中国目前所处的新发展阶段有更加深入的了解，充分认识到华为所处的情况及其做出战略决策的依据，引导学生把建设社会主义现代化国家和个人的学习工作生活结合起来，为学校、为国家做出更大的贡献。

16.4.2 教学安排

（1）案例导入。首先，向学生介绍国内国际双循环提出的现实背景，是基于我国发展阶段、环境、条件等的变化提出来的，是重塑我国国际合作和竞争新优势的战略抉择。其次，详细讲述华为被美国打压的经过及造成的影响，让学生通过案例理解布局产业链格局背后需要考虑的因素和逻辑，以及华为做出内外双循环决策的原因。引入"华为供应链面临的问题"，带领学生思考"国家布局产业链和企业布局供应链时需要考虑的风险因素""在这些风险因素下如何在国内国外布局供应链长期架构"等问题。

（2）知识讲述。共分为三部分进行讲述：第一部分是网络设计在供应链中的作用——网络设计决定了供应链的配置并设置了约束条件，其他供应链驱动因素只能在约束条件内被用来降低供应链的成本或提高响应性。面对动荡的全球环境和美国的制裁，华为选择以内部大循环为主，不断培养、投资国内供应商，培养鸿蒙生态，正是考虑现实因素而做出的网络设计。第二部分是影响网络设计决策的因素。主要包括战略因素、技术因素、宏观经济因素、政治因素、竞争因素等。华为做出内外双循环的决策，也是受到以上因素的影响，如战略因素，华为是一个研发型的高科技公司，其保持开放合作，加大研发投入，就是为了实现公司的快速发展，使公司在一些核心技术上保持领先优势，符合公司的战略规划；以内部大循环为主，主要是受到政治因素的影响，由于遭受美国的不断制裁，华为只能向"去美化供应链"发展。第三部分是网络设计决策的框架及优化模型。网络设计需要通过四个阶段来设计，并使用网络优化模型来设计网络。学生通过在 Excel 中建立计算模型，从而更深刻地掌握模型思想，了解计算过程，并通过结果数据直观看到供应链网络的合理设计给企业带来的成本节约值。

（3）课堂讨论。在前述华为公司的背景下，展示华为公司的供应链结构，2019~2021 年的市场份额，以及关于芯片研发的成本等数据，并留给学生以下思考问题："对于手机中至关重要的芯片，华为应该选择自制还是外包，以使得收益最大化？华为手机如何在全球各地布局和选择供应商，以及如何在各供应商之间分配其采购需求？"让学生分成小组，针对华为面临的问题，并结合上一部分知识讲授中的内容，讨论如何建立数学决策模型，为华为的决策提供量化支持。

（4）课堂总结和课后任务。对课堂内容进行小结，再次强调供应链设计的重要性及关键步骤。并布置课后任务，让学生按小组将课上讨论的内容完善并建模求解，给出决策，生成报告，并在下次课上互相交流分享，让学生在展示和聆听的过程中加深对本章知识和思政案例的理解。

16.5　特色和创新点

（1）将定性与定量有机结合，具有普适性。课堂中讲述的模型是从定量的角度用数学语言进行描述，并用数学模型针对数量特征数量关系与数量变化去分析，通过模型结果给出决策。而思政案例可以帮助学生从定性的角度，以实际为起点，用文字语言去描述、分析对象的性质、特点。因此，整个课堂教学会更加全面，书本知识与思政案例二者相得益彰，帮助学生在更好地理解理论知识的同时增强其应用能力。

（2）将宏观与微观紧密结合。课堂讲授的知识是将供应链管理的每一个方面拆解开进行一一讲解，而实际中的案例通常不会只涉及一个知识点。在课堂教学中融入思政案例，学生要在宏观背景下运用所学知识分析案例、解决案例中的问题，就需要将各块知识点联系起来，并结合实际情况加以分析。因此，通过加入思政案列，可以帮助学生深入理解所学知识，同时将所学内容串联起来，也可以使学生加强对当前国内形势的关注和思考，并能够将供应链管理的专业知识和国家需要与社会民生相结合。

（3）采用互动开放式教学方式教授。在课堂讲授的同时，运用大量的引导式提问、课堂讨论等方式实现教师与学生的互动。同时结合思政案例，引导学生积极思考。学生通过思政案例给出的实际背景和数据，利用所学知识建立相关模型并加以分析，给出决策意见。由于案例是基于实际情况编写，学生在做决策时考虑的因素可能各不相同，建立的模型也会各不相同。通过这种开放性的问题，可以打开学生的思路，也可通过对不同的模型进行比较，让学生认识各模型的优缺点，并对自己的模型加以改进。通过这一套流程来加深学生对知识的理解记忆，也可使课程思政融入得更深更透。

16.6　效果体现

（1）掌握供应链专业知识。理解网络设计的目标是使供应链的长期盈利最大化。该过程是始于定义供应链战略，其必须与企业的竞争战略相一致。对于设施将要选址的区域，基于可获得的基础设施对潜在的有吸引力的地点进行选择。

能够利用网络优化模型做出设施布局和产能分配决策，网络优化模型可以包括边际收益、税收、关税生产运输及库存成本，并使利润最大化。

（2）学生参与企业实践。通过课程学习，使学生就宏观政策形势对企业的影响有了更深的理解。后续教学团队与良品铺子股份有限公司开展合作，该公司也面临着供应链设计上的类似问题，实习项目获得了众多学生的积极响应和参与，对企业实践中存在的问题进行了分析，运用供应链知识寻求解决办法，为企业的产销协同、供应链架构设计等规划解决方案。同时也在实践中对所学知识查缺补漏，加深对理论知识的理解。

（3）问卷调查获取学生反馈。课程结束后，向学生发放问卷，进行了匿名的课堂反馈调查。调查项目包括教师的教书育人与教学态度教学内容、教学方法与教学手段、语言表达和学生课程学习收获等。其中，单项评分的均值都在9.6分以上（10分制），总体满意度的均值更是达到了98.33分（百分制）。关于印象最深刻的课堂案例，学生反复提到了"对国际国内双循环的讲解""华为打造无美供应链"等思政案例，说明本课程思政建设获得了学生较高的满意度和认可，效果良好。

17 和谐劳动关系的构建：职场监控与员工隐私权冲突引发的思考

——商业伦理课程思政教育教学典型案例

高勇强

17.1 课程的基本信息

17.1.1 课程简介

商业伦理专为工商管理专业（包括工商管理与市场营销两个方向）本科生开设的选修课。本课程涉及商业伦理与企业社会责任等基本概念、伦理哲学、不同利益相关者视角的企业伦理问题等。在具体的教学上，本课程采用理论讲授与案例教学相结合的方法，既讲解理论知识，又对社会上常见的企业伦理问题展开分析和讨论。通过本课程的学习，学生应理解商业伦理对企业、市场、社会长远健康可持续发展的重要意义；掌握商业伦理的有关理论；了解常见的商业伦理问题，并能对这些问题产生的原因展开分析，能够形成符合主流价值取向的伦理判断；形成"换位思考"的习惯，辩证看待商业伦理与企业利益之间的关系。

17.1.2 课程内容

商业伦理课程内容如图 17-1 所示。

17.1.3 课程目标

（1）知识目标。掌握伦理、道德、法律、企业社会责任、企业公民等概念的内涵及其内在关系。理解从企业、市场、社会可持续性的角度理解商业伦理的重要性与必要性。了解有关几种常见的伦理原则，理解这些理论之间的内在联系与区别。了解我国社会常见的商业伦理问题，理解这些伦理问题背后的根源。熟悉我国有关商业伦理行为方面的立法，如《中华人民共和国消费者权益保护法》

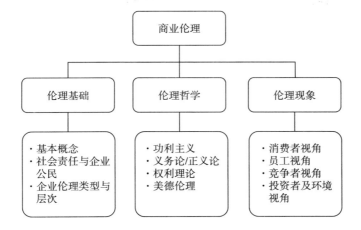

图 17-1　商业伦理课程内容

《中华人民共和国劳动法》《中华人民共和国反垄断法》《中华人民共和国反不正当竞争法》《中华人民共和国证券法》等。

（2）能力目标。辨别是非能力：在大是大非面前态度鲜明、立场坚定；分析能力：运用所学理论分析商业伦理问题的能力；运用法律能力：能运用法律武器维护自身利益、跟商业不道德行为做斗争；共情能力：能换位思考，同情弱者；创新能力：能创新性地提出解决商业伦理困境的办法。

（3）德育目标。培养学生知法懂法守法用法的法律意识；培养学生的责任意识与责任担当，有家国情怀；提升学生的道德修养，有同情心和同理心；培养学生直面现实问题、创新性地解决企业伦理问题的能力。

17.1.4　授课对象

工商管理、市场营销专业本科生。

17.1.5　使用教材

高勇强. 企业伦理与社会责任［M］. 北京：清华大学出版社，2021.

17.1.6　课程课时

32 学时。

17.2 示例章节信息

17.2.1 教学章节

第五章第三节：内部管理中的企业伦理——工作场所安全。

17.2.2 教学内容

（1）知识讲授。安全事故、职业病问题、性骚扰问题、员工隐私问题。

（2）案例讨论。组织和引导学生案例讨论：案例"工作电脑被'监控'，员工隐私权在哪里？"。

（3）课堂总结。

17.2.3 教学目标

（1）知识目标。通过本节学习，学生应了解工作场所中存在的主要安全问题，以及这些问题背后可能涉及的企业责任；理解企业工作场所管理中必然存在的伦理问题，即企业管理权与员工个人权利之间的冲突；了解现有有关企业和个人权利义务的法律法规。

（2）能力目标。提升学生通过现象追溯问题根源的观察和分析能力；知法懂法用法，依法维护自身权利的能力；明辨是非，换位思考，理论联系实际的能力；创新性地思考和解决现实伦理问题的能力。

（3）德育目标。引导学生关注现实问题，锻炼其对现实问题的敏锐度，提高思辨能力，学以致用；提升法制与社会责任感意识，知法懂法守法用法；培养学生"换位思考"的习惯，恪守职业道德，构建和谐劳动关系。

17.2.4 教学课时

2学时。

17.3 案例介绍

职场监控与员工隐私权冲突引发的思考

职场监控软件是对员工网络行为进行日志监测及分析，或对局域网内的计算机进行实时监视的软件系统。近年来，大数据相关行业的公司遍地生长，而职场监控软件开发及应用作为其中一支，发展尤为迅猛。面对监控软件，企业主认为"全方位看穿员工"有利于强化管理，员工则认为隐私被侵犯。

杨兵在大连某品牌连锁咖啡公司从事运营总监工作，月薪8000元。一次偶然的机会，他听同行透露，其他公司同岗位的月薪已经涨到1.5万元。于是，杨兵便利用午休时间更新了自己的简历，还顺手投出去了一份。然而，令他没有料到的是，半小时后他就被开除了。

原来就在此前不久，两名第三方科技人员在公司54名员工的电脑内安装了一款名为"威眼"的监控软件。让他没想到的是"威眼"功能如此强大，前脚他投出简历，后脚老板就收到了"告密信"。

杨兵认为企业侵犯了自己的隐私权，到辽宁省大连市甘井子区劳动人事仲裁院申请仲裁。

辽宁省大连市甘井子区劳动人事仲裁院没有支持杨兵的诉求，其理由是：根据《互联网安全保护技术措施规定》第八条，互联网接入单位为落实网络安全保护措施，可以记录并留存用户使用的互联网网络地址，记录、跟踪网络运行状态，监测、记录网络安全事件等。因此，公司在工作场所使用监控软件合法。

17.4 案例使用说明

17.4.1 案例价值

（1）专业元素。工作场所的企业管理权与员工的隐私权，从伦理的角度思考企业管理权的界限或必要限度。

（2）思政元素。一是法律意识，引导学生对法律中有关隐私权与企业管理权的规定进行研究，培养学生知法懂法守法用法的主动意识；二是职业道德，引导学生分别站在员工与公司管理者的角度，分析案例中企业的行为，学会"换位思考"，培养良好职业道德，构建和谐劳动关系；三是引导学生多关注现实问题，锻炼其对现实问题的敏锐度，提高认知和思辨能力。

17.4.2 教学安排

（1）案例介绍——工作场所的"监控行为"。

为突出学生在课堂中的主观能动性，提高学生课程参与度，案例使用分为两个步骤：

第一步，对案例进行介绍，引导学生站在"辽宁省大连市甘井子区劳动人事仲裁院"的角度思考，如果"你是仲裁员"，将怎么仲裁？这个问题的提出，自然就融入了思政元素——学法懂法用法。作为一个仲裁员，既需要理解《中华人民共和国民法典》中有关"隐私权"的立法精神、主要条款和具体规定；也需要理解用人单位为了维护自身利益和网络安全所拥有的权利和义务。仲裁员需要秉公执法，以事实为基础，以法律为准绳，做出公正的仲裁。

讨论问题如下：

1）你认为杨兵有关"隐私权"的诉求合理吗？

2）如果"你是仲裁员"，会如何仲裁？

第二步，结合学生的"仲裁结果"，进一步引入案例的后续发展，要求学生将自己的"仲裁结果"与仲裁院的实际仲裁结果比较，进一步讨论：仲裁院的仲裁理由是否合适？上述案例的特殊之处在于：一方面，似乎杨兵（从杨兵的角度）并不知道自己的电脑被监控了，不了解监控的范围与能力；另一方面，杨兵处理私务的时间是在午休时段。在这个过程中，融入思政元素——直面现实问题，通过层层剥茧，寻求事实真相的能力与探索精神。

讨论如下问题：

1）你是否同意仲裁员的仲裁结果？为什么？

2）员工知情（甚至同意）是否是职场监控的必要前提程序？

3）休息时间使用办公电脑处理私务是否被允许，是否不应该被监视？

（2）结合案例讨论如何构建和谐劳动关系。

在完成第二步的案例讨论后，再进一步引导学生讨论：企业进行工作场所监控或监视的目的是什么？原因是什么？很显然，过度的监控监视不仅成本高，更重要的是会引发员工的不满，给企业带来无法估计的间接损失（如磨洋工、说企业坏话等）。当然，员工也需要认识到，工作场所的监控背后可能是"公物私用"和工作时间处理私人事务，因此，员工也需要做好自身的本职工作，减少监控监视的必要性。在这个讨论过程中，融入思政元素——职业道德与和谐劳动关系。

讨论问题如下：

1）站在企业的角度，你认为应该怎么开展监控监视才能起到比较好的效果？

2）站在员工的角度，你认为怎么样才能减少职场的监视监控？

3）如果你是杨兵公司的总裁，你会怎么处理杨兵这一行为？

（3）案例总结。总结本章所讲授的内容，站在构建和谐劳动关系的角度，通过分析案例既引导企业重视过度监控带来的问题，也让员工认识到企业监控行为背后的目的，这样才能实现企业管理权与员工隐私权的平衡，最终构建和谐劳动关系。当然，有关的立法需要进一步完善，司法在仲裁或判决中需要平衡企业的管理权和员工的隐私权。

17.5 特色和创新点

（1）时效性强且话题度高。结合大学生关注的热点讨论话题——职场隐私问题，雇员工作电脑及其中的邮件、微信或 QQ 聊天记录以及网站浏览全都可被监控，员工隐私权与大学生日后职场生活息息相关。以接地气的教学方法加以辅助，课堂互动感强，学生参与度高，引导学生充分讨论，进行价值观碰撞，提高认知能力。

（2）思政教育贴合度高。市场经济是法制经济，知法懂法守法用法是每一个当代大学生和职场人士必备的基本素质。本案例的讨论满足了市场经济中法律知识和素养的需要。良好的职业道德一直是职场人士的基本要求，当代大学生需要在踏入社会前增进对职业道德及其意义的了解，本案例的延伸可以帮助学生深刻理解这一点。最后，商业教育的目的是经世济民，员工的幸福能激发员工的主观能动性，促进企业发展，因而应该成为企业追求的目标之一。在企业日常管理中，不能把员工仅当作工具或手段，而要更多地把他们当作目的来对待。

（3）课件中所涉及的案例内容不断适时更新，持续补充新形势、新观点、新材料，丰富充实教学内容。

17.6 效果体现

从学生的知识的掌握、能力的培养、意识的增强这三个维度，组织课堂教学和课下阅读，同步实现价值塑造、能力培养、知识传授三位一体的教学目标。

（1）知识掌握方面。通过本章的学习，学生可以了解并掌握隐私的含义、隐私权的法律定义、《中华人民共和国劳动法》、《互联网安全管理条例》等相关法律和知识，理解企业工作场所管理权与员工隐私权之间的内在冲突。

（2）能力的培养。通过本章的学习，学生有望提高商业伦理领域特别是职场监控监视方面的问题识别和分析能力；提高知法懂法守法用法的能力；通过职业道德意识的培养提高职场生存和发展能力；学会"换位思考"，培养共情能力；引导学生跳出问题框架看问题，创新性地提出解决问题的能力。

（3）意识的提高。通过本章的学习特别是案例讨论，学生有望提高学法懂法守法用法的维权意识；由于法律往往只是原则性的规定，难以覆盖现实中的包罗万象，因此需要伦理道德的调节，学生将认识到商业伦理在现实中的重要性和意义，提高自身道德修养。

18 独立性乃审计之灵魂：从中国证券市场的第一份否定意见的审计报告看独立性

——审计学课程思政教育教学典型案例

郑红霞

18.1 课程的基本信息

18.1.1 课程简介

随着我国市场经济的发展，特别是资本市场的日益发达，审计在保护投资者、债权人及其他利害关系人的权益、维持市场经济秩序中的意义越来越重要。通过本课程的学习，使学生熟悉和掌握现代审计的基本原理、基础知识和方法技术，为未来踏入社会工作打下扎实的专业基础。

18.1.2 课程内容

本课程以当前国际审计准则的基本规定为基础，并密切联系我国的审计准则及审计实务，首先介绍审计的基本概念和类型；其次讲解会计师的职业道德规范，审计职业面临的法律责任；再次讲授财务报表审计工作的具体流程及主要方法，包括审计业务承接、审计计划制订、开展内部控制测试和实质性测试、审计抽样等，其中重点讲授重要性水平、内部控制、审计风险以及具体审计方法等内容；最后讲解审计结束阶段工作和审计报告的编制及审计意见的发表。

18.1.3 课程目标

（1）知识目标。了解国际审计准则体系，现代审计产生的四个理论，以及审计业务的类型；掌握审计的定义、审计的重要性、审计风险等基本概念；理解和掌握注册会计师的职业道德和法律责任；全面了解财务报表审计的四个阶段，掌握审计工作中的具体审计程序和方法，并能够分析解决具体问题；掌握审计报告的内容以及审计意见的发表，并能够分析解决具体问题。

（2）能力目标。学习并理解会计师的职业道德和法律责任，并能够分析解决具体问题；能够联系我国的审计准则和相关经济政策理解和解释当今经济生活中的各种现象。

（3）思政目标。培育学生经世济民、诚信服务、德法兼修的职业素养，深化职业理想和职业道德。

18.1.4　授课对象

财政本科大三学生。

18.1.5　使用教材

Arens. Auditing［M］. New York：Pearson，2011.

18.1.6　课程课时

2学时。

18.2　示例章节信息

18.2.1　教学章节

第三章第二节：会计师的职业道德规范——注册会计师的职业道德规范。

18.2.2　教学内容

（1）知识讲授。独立性的定义与内涵（实质上的独立和形式上的独立）；独立与客观、公正（引入案例分析，见后文）；独立性的五个威胁因素的识别和防范。

（2）案例分析。中国证券市场上第一份否定意见的审计报告。

（3）课堂总结。本节内容小结与课后任务布置。

18.2.3　教学目标

（1）学习并掌握独立性的定义。

（2）深刻理解实质上的独立与形式上的独立。

（3）理解独立与客观、公正的关系。

（4）分析实际案例，在深化对独立性理解的同时能够解决实际问题。

（5）推进社会主义核心价值观，培育学生经世济民、诚信服务、德法兼修的职业素养，深化职业理想和职业道德。

18.2.4　教学课时

1 学时。

18.3　案例介绍

中国证券市场上第一份否定意见的审计报告

重庆渝港钛白粉股份有限公司主要生产和销售钛白粉。该公司的 1997 年年度财务报告被注册会计师出具了中国证券市场上第一份否定意见的审计报告。主要原因是注册会计师称该公司 1997 年应计入财务费用的借款及应付债券利息 8064 万元，而公司将其资本化计入了钛白粉工程成本。

注册会计师认为，公司的钛白粉工程早就于 1995 年下半年开始试生产，1996 年已经可以生产出合格产品，而后由于各种原因，曾一度停产。公司 1997 年全年共生产钛白粉 1680 多吨，虽然与该工程的设计产能 15000 吨还相差甚远，但主要原因是缺乏流动资金，这并不能说明工程没有竣工，而实际上该工程应被认定为已经完工并交付使用。注册会计师从而根据我国《企业会计准则第 17 号——借款费用》确定了这部分利息费用不应该资本化，而应该将其费用化计入当期损益。

18.4　案例使用说明

18.4.1　案例价值

该案例本身并不复杂，但是作为中国证券市场上的第一份否定意见的审计报告，可以说是我国会计师事务所和注册会计师的破冰之举，意义深远。注册会计师之所以坚持出具否定意见，不仅是对审计准则的遵守，也是对职业道德的坚守，特别体现了在注册会计师审计中恪守独立、客观、公正原则的重要性，彰显了注册会计师背后强大的道德力量。因此，该案例在中国注册会计师审计史上具有里程碑式的意义。

专业元素：注册会计师在执业过程中应该保持独立、客观、公正。具备应有的职业技能和职业判断力。在实际案例中，通过引导学生从独立、客观、公正的职业道德要求分析问题。最终案例中的注册会计师坚持独立、客观、公正的原则，没有被审计单位的意见所左右，从而出具了中国证券市场上的第一份否定意见的审计报告。

思政元素：引导学生能够联系《中国注册会计师职业道德准则》和相关经济政策理解和解释当今经济生活中的各种现象，进一步深刻理解独立、客观、公正作为基本的职业道德原则在注册会计师执业中的重要性，培育学生经世济民、诚信服务、德法兼修的职业素养，深化职业理想和职业道德。

18.4.2 教学安排

（1）概念精讲。讲解并细致分析阐述独立、客观、公正三个原则。

（2）案例分析。通过案例分析加深理解如何在审计实务中恪守独立、客观、公正三个原则，做到不偏不倚。

（3）本质剖析。在独立、客观、公正三个原则中最核心和最基本的原则是独立性，注册会计师在审计工作中独立性的保持，是客观和公正的前提。

（4）课堂总结。

18.5　特色和创新点

（1）将思政教育融入课程案例，与教学知识点紧密关联，自然而不生硬，同时满足知识目标、能力目标和德育目标。本章将案例《中国证券市场上第一份否定意见的审计报告》引入教学过程，通过专业知识与思政内容的自然融合，潜移默化地实现知识教授与价值引领相统一的教育目标。

（2）能够有效克服思政内容与专业内容时间冲突问题。将思政教育与专业教育有机融合，不仅将思政内容隐性化于案例分析中，而且有效克服了思政内容与专业内容的时间冲突问题。

18.6　效果体现

　　学生学习后既加深了对知识点的理解，又对如何遵守注册会计师职业道德有了更深的理解，在认识到注册会计师在保护投资者、债权人及其他利害关系人的权益、维持市场经济秩序中的重要作用的同时，也对未来踏入社会如何经世济民、诚信服务、德法兼修进行了思考。

19　营销助力乡村振兴：
东河村农产品的品牌打造

——品牌建设与管理课程思政教育教学典型案例

尤晓枫

19.1　课程的基本信息

19.1.1　课程简介

当今是品牌的时代，品牌管理已经成为营销管理的核心内容。品牌管理是指通过设计和执行营销规划及活动来建立、评估和管理品牌资产的过程。本课程系统介绍品牌的创建与维护的过程以及数字化时代创建和管理品牌的新趋向等。

课程融合讲授、课堂讨论、案例分析、小组互动等教学方法，并采用基于项目的学习方法，让学生应用所学理论知识对一个实际的消费品品牌进行问题诊断和品牌策划方案设计。项目以小组为单位完成课外实地调研讨论，课堂分享设计方案，授课教师、企业导师以及学生（互相）进行点评并给出完善的建议，在巩固课堂理论知识的同时，培养学生解决问题的能力。

19.1.2　课程内容

品牌建设与管理课程内容如图 19-1 所示。

19.1.3　课程目标

（1）知识目标。本课程旨在通过教学让学生了解理论背景，把握课程的体系结构，对品牌创建和管理有一个总体认识，建立品牌管理观和品牌策划意识；以及全面系统地掌握品牌创建与管理的基本理论和主要方法。

（2）能力目标。培养分析与解决企业品牌运营和管理问题的能力，以更好地适应市场营销管理实践工作的需要。

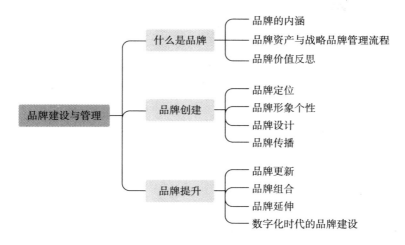

图 19-1　品牌建设与管理课程内容

（3）思政目标。本课程的思政教学要达成三大目标：第一，培养学生的批判反思精神，坚定马克思主义信仰和中国特色社会主义信念；第二，引导学生关注社会现实，加深对时代精神和特征的理解，增强他们的爱国主义情怀和以专业服务国家与社会的使命意识，建立对传统文化的认同感和民族自信心，树立传承、传播中华文明的责任担当；第三，培养学生正确的商业伦理道德观和诚信意识，遵守职业规范，爱岗奉献，建立职业理想、认同感和责任感；增强学生的自我发展和奋斗意识，培养他们的理论探索与创新精神。

19.1.4　授课对象

市场营销专业本科生。

19.1.5　使用教材

何佳讯．战略品牌管理——企业与顾客协同战略［M］．北京：中国人民大学出版社，2021.

19.1.6　课程课时

32 学时。

19.2　示例章节信息

19.2.1　教学章节

课程作业涵盖各章教学内容，特别是第4~6章、第10~15章。

19.2.2　教学内容

贯穿课程全过程的真实的品牌塑造项目，由学生组成项目小组进行品牌策划，内容包括界定问题与目标，对产品、顾客、竞争者和自身资源能力进行调研分析，品牌定位，品牌符号的开发，渠道开发和品牌传播，策划方案撰写与展示，策划方案落地实施等。

（1）知识目标。让学生熟悉品牌策划的流程，对品牌创建的步骤以及过程中每一阶段的关键内容和知识点建立更为系统、全面的理解。

（2）能力目标。能够有效运用品牌管理理论中品牌定位、品牌形象塑造、品牌设计、品牌社交媒体传播的方法和工具进行品牌策划。

（3）思政目标。让学生了解和关注国家产业扶贫、乡村振兴的大政方针，并凭借自己的专业技能和实际行动积极践行这一伟大事业，从中建立职业理想，增加对职业的认同感和对社会的责任感。

19.2.4　教学课时

22学时。

19.3　案例介绍

营销助力乡村振兴：东河村农产品的品牌打造

湖北省孝昌县王店镇东河村，是华中科技大学对口精准扶贫对象，从2015年开始至今学校先后派驻了五任工作队进行定点帮扶。学校通过研究制定各项扶贫措施，强化政策和资金配套，在干部选派、项目建设、扶贫经费等方面给予全力支持，工作成效显著。2017年底，东河村脱贫出列。

东河村集体收入和村级产业从无到有，2017年自创村集体收入6.1万元，2018年增至10.7万元，2019年村实现集体收入13.5万元；村级产业多点开花，呈良好的发展趋势，如图19-2所示。为了积极响应国家乡村振兴战略，巩固脱贫成果，学校驻村工作队目前希望帮助东河村的产业发展上一个台阶，农民收入能实现持续稳步提升。[①]

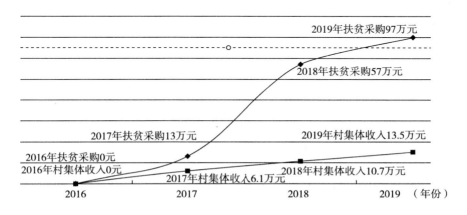

图19-2 2016~2019年东河村集体收入

目前，东河村面临的产业发展问题和挑战有以下几个方面：

第一，如何能够构建现代农业产业体系、生产体系和经营体系，提高农业创新力、竞争力和全要素生产率？

第二，如何推进农业绿色化、优质化、特色化、品牌化，推动农业由增产导向转向提质导向？

第三，如何把土特产和小品种做成带动群众增收的大产业？

目前东河村产业发展的基本思路是：对已有的有机香米、大红桃，禽蛋肉牛等产业进行提质增效行动，打造明星产业，做出拳头产品，然后通过有效的产销对接，做优做精做强特色产业，提升产业发展的质量和水平。

2021年7月13日、14日，华中科技大学管理学院暑期社会实践团队赴东河村实地调研考察了产业发展情况，补充资料如下：

（1）基本情况。基础建设基本完善，但是村里劳动人口缺失，许多年轻人

---

① 华中科技大学驻东河村定点帮扶工作队提供。

外出务工。全村 1197 人，在村的 300 多人。三个主要产业：种植业（有机大米、大红桃）、畜牧业（牛肉）、养殖业（鸡肉、鸡蛋），产业未成规模，需要精准定位。产品销售高度依赖学校，包括二级单位工会、教职工、校友等。产业特色：绿色生态。产品商标："巴石潭"，正在注册中，商标未设计。

（2）有机大米。现有优质稻品种 2017 年开始种植，但种子靠农业局免费提供，质量不够稳定；一包种子 30~40 元，一亩地需要 4~5 包（采用撒播，因此需要量多）；亩产 1000 斤左右；不打农药（但没有获得绿色、有机农产品认证，也没有进入名特优农产品品牌目录）；8~9 月由机械化收割，9 月下旬在加工厂脱壳抛光并直接封装。

种植土地面积有限（现有 100 亩左右，但是可扩充，目前东河村已经和黄城村、十里村合并成东河村），部分土地沙土混合导致无法进行机械化、规模化生产。

（3）黄牛肉。目前养殖规模不大，仅有 60 余头，草饲，完全散养，自然生长，生长周期慢，出栏期至少 2 年，每头 300 斤左右。鲜肉目前主要销往学校，50 元/斤，包装规格是 10 斤和 5 斤两种，简单抽真空，教职工预订，根据订单当地屠宰，当日配送至学校。

（4）土鸡、鸡蛋。2020 年 3000 只，2021 年 2700 只，其中损耗了 2000 只左右，完全为散养土鸡。销售以学校教职工团购为主，母鸡 90 元/只，公鸡 80 元/只，简单真空包装配送。

（5）大红桃。目前有 100 亩 1 万株，4 万~5 万斤，3 年挂果，目前处于丰产、成果期，从采摘到销售 20 天左右，产品口感普遍反映很好，尤其是在采摘后的两个星期内。往年 5 元/1 斤，2021 年 16 元/斤。不易存储、运输，且一碰就坏，顺丰快递 5 斤装，成本 16~25 元。

项目的任务是：根据东河村产业发展的基本思路和目标，针对东河村的现状和面临的问题，各小组对东河村的几类农产品进行品牌策划方案的设计与实施。

19.4 案例使用说明

19.4.1 案例价值

（1）专业元素。通过一个贯穿课程全过程的真实的品牌塑造项目，让学生组成项目小组，在社会实践中：

1）理解相关品牌管理知识，包括品牌的本质、品牌定位、品牌形象与个性、品牌符号设计、移动互联网时代的品牌传播等。

2）运用品牌管理理论和方法打造一个新品牌，提升分析和创造性解决具体营销管理问题的能力，同时提升团队合作工作能力。

（2）思政元素。以产业扶贫助农的社会实践为切入点，帮助学生深入了解马克思主义和中国特色社会主义理论指导下的"乡村振兴"国家战略、法律法规和相关政策，引导学生深入社会实践、关注现实问题，让学生树立经世济民、专业报国的使命意识，建立崇高的职业理想，培育诚信服务、德法兼修的职业素养。

19.4.2 教学安排

作为课程作业，该案例贯穿于课程教学全过程，分五个阶段展开：

（1）案例引入。课程第一堂课，介绍该案例背景，将学生分为几个项目小组，要求在课后：

1）学习国家最新的关于促进乡村产业振兴的指导意见及相关政策，理解实践项目的意义和项目开展的大环境。

2）每个小组根据东河村的背景信息，针对东河村面临的问题，收集农产品产业链、购买行为、主要产品和品牌等资料进行分析，选择要进行策划的产品，小组讨论初步确定品牌策划内容。

课程第二堂课，每个小组简短汇报小组讨论确定的品牌策划内容，教师对各小组的品牌策划内容进行评价，讲解标准的品牌策划流程和内容，具体包括：①策划对象：湖北省孝昌县王店镇东河村农产品的品牌打造。②策划要求：阅读相关教材、书籍、文献资料，学习和运用相关理论及方法；除了二手数据外，要有实地调研的一手数据（行业调查、现有和潜在顾客调查等）；形成文字方案，具备可操作性。③策划内容：发现问题，确定目标（市场机会/潜在需求；品牌存在的问题；策划的短期和中长期目标）。对产品、顾客、竞争者和自身资源能力进行调研分析（顾客消费行为的特征；行业主要品牌的定位和优劣势；东河村的产品特点、自然和人文环境以及经济条件），综合三个方面的分析，最终提炼出品牌核心价值和定位。在品牌定位的基础上，进行品牌符号的开发（品牌名称、Logo 和口号、产品包装设计等，如有必要，可进行产品重新开发）；渠道开发和品牌推广（比较主流的营销渠道，结合东河村资源条件，分析确定品牌最适合的产品销售渠道，并整合相关资源进行开发；比较各种传播工具和方式，结合东河村资源条件，分析品牌最适合的传播渠道和方式，策划并落地执行创意传播方案）。

（2）项目调研。各项目小组课外复习《市场调研》中的定性和定量调研方法，小组研讨确定调研方案初稿，授课教师课堂上对各项目小组的调研方案进行点评，指出问题，各小组课后讨论修改完善并开展调研，具体包括：

1）在条件允许的情况下，利用周末赴东河村进行实地调研，与驻村工作队和村民座谈；或者由学校驻村工作队负责人和村支书来学校介绍具体情况，目的是详尽地掌握当地资源环境、农产品生产和销售情况，制定切实可行的市场调研方案。

2）根据市场调研方案，采取观察、访谈、问卷等方式进行线上线下消费者调研和渠道调研，并补充完善第一阶段的分析资料。

（3）品牌策划。每位学生自学教材中品牌定位、品牌形象、品牌设计、品牌传播等相关部分，然后组内研讨，结合市场调研和资料分析的内容进行品牌策划。策划过程与课程讲授过程同步，教师课堂讲授某部分内容之前，先由各项目小组汇报相应部分的小组策划内容，教师指出其中存在的问题，借此强调各部分的核心知识点，即策划重点。各小组课后根据强调的策划重点修改完善相应部分的策划内容。

各部分的策划重点包括：

1）品牌定位。清晰界定目标顾客；确定品牌与竞争品牌的共同点和差异点；用一句话描述品牌给目标顾客带来的不同于竞争品牌的差异化价值（简洁、精练）。

2）产品开发和品牌符号设计。按照整体产品的概念，基于调研资料和品牌定位，考虑产品形态是否需要调整；根据品牌定位和形象，设计 Logo、口号、包装和品牌故事。

3）渠道和品牌传播方案。比较主流的农产品销售渠道，基于品牌定位，考虑东河村资源条件，分析确定最适合的产品销售渠道；比较各种传播工具和方式，基于品牌定位，结合东河村资源条件，分析品牌最适合的传播渠道和方式，设计一套创意传播方案。

（4）方案展示。课程最后一堂课，各项目小组现场展示策划方案，邀请东河村驻村工作队负责人和村支书进课堂听取汇报并给出意见，进一步沟通策划方案内容和实施计划，各小组课后修改完善，确保方案可行、可落地操作。

（5）方案实施。课程结束后，各项目小组继续与东河村驻村工作队沟通与协作，参与方案落地实施的全过程，包括产品包装设计、物料制作、促销活动执行等。协助东河村把品牌策划执行到位，并评估实施效果，必要时进行调整。

19.5　特色和创新点

（1）内容上的特色：将专业知识元素和思政内容通过一个项目融合在一起，同时达成加深理论知识的理解和方法的掌握、提升分析和解决问题的能力、关注和参与当前国家大政方针政策的实施、建立专业报国和服务社会的意识、强化职业认同感与责任感、培养创新精神和综合素质等多项教学目标。

（2）方法上的创新点：采用项目实践的方式，让学生走出课堂，获得真实的体验和感受，在思考和行动中接受专业教育和思政教育，从课堂学习的"入脑"到实践学习的"入心"。

19.6　效果体现

思政教学常常面临的一个问题是单纯地讲授让学生缺乏临场感受，因而对教学内容体会不深，很难获得内心的触动。本课程通过一个结合思政内容元素和专业课内容的综合性项目，让学生以小组为单位，通过调研、研讨和项目方案设计与实施，在解决实践问题的行动过程中学习和深刻理解思政教学的内容。

学生的课后反馈集中在以下几个方面：

第一，能够通过运用所学为扶贫和乡村振兴做出自己的贡献，觉得很有意义，有了更多对营销专业价值的自豪感。

第二，完成一个实践项目，需要回顾学过的课程知识，要学习运用新的理论和方法，还要进行小组研讨和课堂展示，这种自主学习比只听老师在课堂上讲印象更深刻。

第三，通过实践项目，对社会和商业世界的认识更全面了，理解了解决问题要从实际出发，不能空泛地提建议，要有可行性。

20 网友参与"云监工":火神山医院、雷神山医院项目特殊的干系人管理

——项目管理课程思政教育教学典型案例

赵 玲

20.1 课程的基本信息

20.1.1 课程简介

在现代企业中,项目管理是一项基于团队的复杂活动,因此,多种知识、流程、方法、技术及工具的使用是这一过程不可或缺的组成部分。《项目管理》是管理科学工程类专业的核心专业课程,兼具理论和实践性,该课程围绕项目管理的十大知识领域——项目整体管理、项目范围管理、项目时间管理、项目成本管理、项目质量管理、项目人力资源管理、项目沟通管理、项目风险管理、项目采购管理和项目干系人管理,以及项目管理的五个阶段——启动、计划、执行、控制以及收尾进行讲授,对各个知识领域中涉及的过程、方法、技术及工具进行详细介绍,培养学生掌握项目管理中所涉及的相关知识、技术和方法,并能够将其运用到真实的项目管理中。

20.1.2 课程内容

项目管理课程内容如图 20-1 所示。

20.1.3 课程目标

(1)知识目标。通过本课程的学习,学生要掌握项目管理的概念定义,项目管理十个知识领域及管理过程组所涉及的相关方法和技术,并能够运用项目管理软件 MS Project 2013 进行项目的全流程管理。

(2)能力目标。具有应用相关知识、工具和方法,提出、分析、解决实际

问题的专业基础能力、系统思维能力以及专业实践能力。

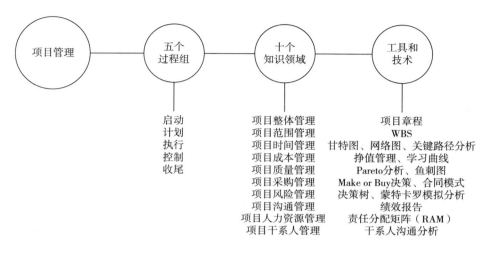

图 20-1 项目管理课程内容

（3）思政目标。秉承"立德树人""践行社会主义核心价值观""客观公正、诚实守信、承担社会责任等积极向上的价值观"的育人思想，培养学生在掌握项目管理方法和技能的同时，坚守职业项目管理人的职业道德和操守，树立正确的理想信念、价值取向、政治信仰、社会责任。

20.1.4 授课对象

本科生，信息管理与信息系统专业（必修课），工商管理、市场营销专业（选修课）。

20.1.5 使用教材

鲁耀斌．项目管理——原理与方法［M］．大连：东北财经大学出版社，2009.

20.1.6 课程课时

32 学时。

20.2 示例章节信息

20.2.1 教学章节

第五章：项目干系人管理。

20.2.2 教学内容

（1）知识讲授。项目干系人管理的定义和过程、项目干系人识别、项目干系人分析、干系人沟通计划制订。

（2）案例讨论。火神山医院、雷神山医院项目特殊的干系人管理——网友参与新创举"云监工"。

（3）课堂总结。本章内容小结与课后任务布置。

20.2.3 教学目标

（1）了解项目干系人管理的四个过程。

（2）掌握项目干系人管理的步骤、方法和工具（重难点）。

（3）应用项目干系人管理的方法和工具分析实际案例，解决实际问题。

（4）推进社会主义核心价值观——家国情怀和创新意识。

20.2.4 教学课时

2 课时。

20.3 案例介绍

网友参与"云监工"：火神山医院、
雷神山医院项目特殊的干系人管理

2020 年初新冠肺炎疫情暴发，武汉市面临患者数量激增与床位资源严重不足的突出矛盾，建设专门医院收治患者迫在眉睫。在党中央的果断决策下，仿照"非典"时期"小汤山"的医院模式，建设武汉火神山医院、雷神山医院，"两山"医院十六天内完成了从设计到交工，展现了世界第一的中国速度，堪称奇迹。在医院建设过程中的一大创新是央视频 App 和 B 站央视新闻开通了两家医院建设现场的 24 小时直播，这为关心抗击疫情工作以及医院建设进展的广大网友提供了新的窗口。这一直播创举，也造就了成千上万的"云监工"，直播吸引了 6000 多万人在线观看。通过这一特殊的干系人管理和沟通方式，在当时给全国人民极大的鼓舞，同时对新冠肺炎疫情初期西方国家不友善和质疑的声音给予了有力的回击。

20.4　案例使用说明

20.4.1　案例价值

（1）专业元素。项目干系人管理的识别和管理，通过对火神山医院、雷神山医院项目中特殊干系人管理的案例，引导学生识别影响项目的重要干系人，并针对干系人的特点和需求制定管理策略，包括沟通的方式以及沟通的内容，同时可以依托信息技术进行沟通方式的创新和对干系人参与进行管理。

（2）思政元素。社会主义核心价值观——家国情怀、职业素养和创新意识。通过引入火神山医院、雷神山医院项目特殊的干系人管理——网友参与新创举"云监工"案例，培养学生的家国情怀，在国家民族危难之际，要上下一心，勇于承担，具有与国家民族休戚与共的家国同构，以百姓为心、以天下为己任的使命感。培养学生敬业、诚信、政治素养、互联网素养等职业素养，培养学生的创新意识，能够灵活运用现代信息技术进行项目管理方式和沟通方式的创新。

20.4.2　教学安排

基于图 20-2 的教学设计思路，结合课程大纲中的教学内容和思政目标，教学安排如下：

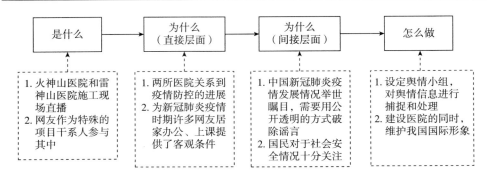

图 20-2　本章思政案例教学设计思路

（1）思政案例引入——现实项目中的干系人管理。

解决"是什么"的问题，基于专业知识点项目干系人的识别，引入"火神山医院和雷神山医院施工现场直播"这一典型示例，该案例是在新冠肺炎疫情初期，各种网络谣言四散、网民高度关注在线信息的背景下，项目之外的民众作为特殊干系人被考虑到了项目干系人管理中。

武汉电信新业务中心的同事参与了火神山医院和雷神山医院施工现场的直播设备搭建，在 1 月 27 日开启了高强度的 14 小时竞速，终于在 1 月 27 日下午和晚上分别开通了火神山医院和雷神山医院的直播。

直播网友评论："B 站央视新闻和央视频 App 一直在直播火神山和雷神山施工现场，今天早晨凌晨两点半了 B 站直播观看人数还有 7 万人，央视频有 60 多万人。大家化身为网络包工头，监工的比搬砖的人还多。"

基于以上案例背景，引导学生结合自身的经历回顾当时观看直播的感受展开讨论，围绕"为什么两座医院建设要采取直播方式？""直播方式对项目建设有什么帮助？""为什么会有这么多网友参与到直播中？"等问题自由发言，通过熟悉案例内容，为下一步理解案例打下基础。

（2）思政案例初步理解——干系人的初步分析和管理。

解决直接层面"为什么"的问题，结合项目干系人的定义，分析为什么观看直播的网友以及全国人民是本项目的重要干系人。首先，根据干系人的定义，项目干系人是能够对项目产生或被项目影响的群体。当时武汉处于新冠肺炎疫情暴发初期，床位非常紧张，很多病人无法第一时间入院救治，火神山医院、雷神山医院的建设就是要缓解床位紧张的问题，因而这两个项目对武汉人民来说有很大的影响。其次，一方面，医疗资源的紧张在社交媒体上引发很多负面情绪，广大民众陷入焦虑和恐慌，也非常不利于政府对疫情的防控，因此，民众也迫切地想了解政府目前防疫工作的进展信息；另一方面，两所医院的建设也非常需要得到广大民众的理解和支持。综上所述，全国人民尤其是武汉市民，都是这两个项目的重要干系人。

进一步分析为什么广大网友如此关注该项目的深层原因。全国人民对两所医院的建设如此关注，反映了对国家和民族的热爱，这是家国情怀，展现了作为国家主人和社会主体的自觉意识，这是公民品格。

此处提问：除了广大网友，两院建设现场直播针对的外部干系人还有谁？由此引发对案例的更深层的理解。

（3）思政案例深入理解——干系人的进一步分析和管理。

解决间接层面"为什么"的问题，除了全国人民，火神山医院、雷神山医院项目的另一个重要外部干系人是西方国家和媒体。当时中国新冠肺炎疫情的发展被全世界所关注，西方国家对中国采取的疫情防控措施持质疑态度，不相信中国政府公布的数据，对两所医院的建设有许多的谣言。这些谣言对中国防疫政策的实施非常不利，也容易引发国内的舆论事件，因此通过提高项目建设过程的透明度，也是对西方国家和媒体这一特殊干系人群体的管理。

此处提问：直播这样的干系人沟通方式，取得了什么效果？

对于广大网民来说，这次直播让大家充分了解了项目的建设进展，对施工工人给予了极大的理解和支持，对疫情防控也更有信心。在直播这种互动形式支持之下，媒介事件不仅能够塑造群体共识，而且变得更加有参与感。

通过此次直播，在国内外的社交媒体引起极大反响，世界被中国的建设速度所震惊，同时许多谣言也不攻自破。

（4）思政案例后思考——还可以怎么做得更好？

解决"怎么做"的问题，针对如何有效管理干系人参与的措施展开思考。可以提出以下问题让学生讨论：什么类型的项目需要关注外部舆情的管理？公众作为项目干系人有哪些基本诉求？会对项目产生什么样的影响？如果你是项目经理，要如何进行这一干系人群体的管理？火神山医院、雷神山医院、云监工的例子给了你哪些启发？可以也不限于从以下几个方面引导学生展开讨论，同时嵌入思政要素。例如：

1）政府项目尤其要注意公众舆论的影响，在组织结构上，火神山医院、雷神山医院项目专门设立了舆情小组，对建设过程中的舆情信息进行关注和处理，面对谣言，应采用公正公开的形式去应对，在此过程中，与新闻媒体的沟通也非常重要。

2）火神山医院、雷神山医院项目全球关注，因此其干系人群体更为广泛，这一项目具有重要的政治意义，在干系人的识别过程中，项目经理和项目团队的政治觉悟要高，避免忽略重要的干系人群体，从而更好实施项目，也维护好国家形象。

3）干系人的沟通方式和管理模式上应充分利用现代信息技术，项目经理和项目团队应具有创新意识，开拓思路。

20.5　特色和创新点

（1）采用火神山医院、雷神山医院项目作为本课程的全过程案例，避免了思政案例过于零散的问题。课程融入思政要素往往会面临案例过于分散，且不同课程还会因为同样的思政要素而导致案例雷同的问题。项目管理课程本身就具有全过程的特点，因此课程组选择了火神山医院、雷神山医院建设作为全过程案例，穿插融入项目管理的十个知识领域中，将这一现实项目中所运用的项目管理知识点以及采用的项目管理工具和方法作为与专业内容的契合点，而这一项目本身就具有家国情怀的思政要素，再通过特定的项目细节嵌入其他思政要素，不仅与专业内容契合紧密，克服了思政内容与专业内容之间的时间冲突，也保证了思政案例的新颖性以及案例间的关联性。

（2）本课程的思政教学通过对案例的层层剖析，实现学生对案例中涉及的专业知识和思政要素的了解、领会和内化的过程，通过"是什么—为什么—怎么做"的层层递进教学设计，真正实现思政教育的潜移默化、入脑入心。图 20-3 是本课程的整体思政目标及教学设计思路。

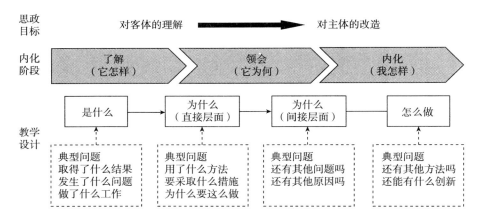

图 20-3　项目管理课程思政的目标及教学设计思路

20.6　效果体现

（1）掌握专业基础知识。理解项目干系人的定义，掌握干系人的识别和分析方法，以及干系人制订管理计划的工具和方法。

（2）具备进行项目干系人管理的能力。能够识别对项目产生影响的项目干系人，能够利用参与矩阵从利益和影响两个角度对项目干系人进行分析，形成干系人登记表并制定相应的沟通策略，充分利用现代信息技术实施干系人管理，从而推进项目的顺利进行。

（3）培养家国情怀。通过引入火神山医院、雷神山医院项目特殊的干系人管理——网友参与新创举"云监工"案例，让学生理解党和国家战胜新冠疫情的坚定决心，对人民负责、对生命负责的鲜明态度，和广大网友、全国人民挽救生命的期盼和信心，以及成千上万一线建设者的使命担当，从而培养学生的家国情怀，在国家民族危难之际，要上下一心，勇于承担，具有与国家民族休戚与共的家国同构，以百姓为心、以天下为己任的使命感。

（4）具备职业素养和创新意识。学生能够从案例中了解大型项目对项目经理和项目团队的职业素养要求，如敬业、诚信、政治素养、互联网素养等，培养学生的创新意识，通过案例学习在项目管理中灵活运用现代信息技术进行管理方式和沟通方式的创新。

21　不能没有你：企业招聘
　　应助力残疾人就业

——人员测评与人员选拔课程思政教育教学典型案例

王海江

21.1　课程的基本信息

21.1.1　课程简介

（1）课程设立背景。课程以企业招聘为基础，围绕人员测评与人员选拔分析和实际应用展开教学。人员测评与人员选拔可以广泛应用于各行业的招聘流程，是企业人力资源管理中"必需"和"必备"的技能。课程从大量实际案例入手，从"基础"到"提高"、从"入门"到"实战"，突破传统的人员招聘，从数字化人力资源管理的角度对企业人才测评与选拔进行全新的解读。

（2）课程特色。①高阶性。课程以测量学基本原理、信度与效度和胜任力模型构建等几个核心教学板块为抓手，培养学生分析、处理复杂问题的思维与能力。②创新性。课程结合最新的研究和社会案例，采用辩论赛、模拟招聘、反转课堂等多元化的教学方式，启发学生的批判性思维和创新性思维。③挑战度。围绕学习目标的达成，课程考核基于"定性+定量"和"过程+结果"的基本原则，注重"活性"知识的内化，达到"知行合一"。

21.1.2　课程内容

人员测评与人员选拔课程内容如图21-1所示。

21.1.3　课程目标

（1）知识目标。通过本课程的学习，学生能够掌握人员测评与选拔的基本概念、内涵、模型、方法等基础理论和基本知识；掌握关键的知识点；了解人力资源管理中人员测评与选拔模块的前沿知识，最新的人才测评与选拔方法。

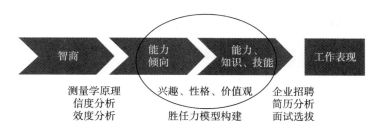

图 21-1 人员测评与人员选拔课程内容

（2）能力目标。通过本课程的学习，学生能够对公司员工选拔和测评的问题进行分析和研究，并正确利用所学知识提出可行的解决方案，特别强调能基于全球化视野，综合运用各类管理知识，创造性地解决企业的实际问题。

（3）思政目标。课程在人才培养目标中的价值引领方面，体现出"立德树人""推进社会主义核心价值观教育""秉承客观公正、诚实守信、承担社会责任等积极向上的价值观"的育人思想，告诫学生在未来的人力资源管理工作中，努力避免测评和选拔中的不公平、歧视等问题。

21.1.4 授课对象

本科生，工商管理、人力资源管理等专业学生。

21.1.5 使用教材

［1］萧鸣政．人员测评与选拔（第三版）［M］．上海：复旦大学出版社，2019.

［2］刘远我．人才测评：方法与应用（第三版）［M］．北京：电子工业出版社，2015.

21.1.6 课程课时

40 学时。

21.2 示例章节信息

21.2.1 教学章节

第 6 章第 5 节：企业招聘案例。

21.2.2　教学内容

本章从企业的实际招聘案例出发，围绕"引人"和"选人"两大问题展开，重点介绍在数字化背景下企业在吸引人才和选拔人才方面的新途径和新方式，以及胜任力模型在其中扮演的核心作用。教学内容包括测评目标与工具的选择、人员测评指标体系的权重设计、个体与群体数据的处理、测评结果的报告与反馈等方面。

21.2.3　教学目标

（1）知识目标。掌握企业人员招聘的基本流程；掌握不同招聘技术使用的基本原则；了解数字化招聘应用的场景和趋势。

（2）能力目标。能够根据企业需求和岗位特点设计招聘流程；能够基于胜任力特征选择合适的招聘技术；能够做好人员招聘的成本分析。

（3）思政目标。理解核心价值观在人员招聘与选拔中的引领地位；理解平等就业机会在人员招聘与选拔中的重要性；努力消除人员招聘与选拔中的不公平和歧视问题。

21.2.4　教学课时

6课时。

21.3　案例介绍

企业招聘如何为残疾人就业插上"隐形的翅膀"

中国拥有庞大的残疾人口数量。根据我国第六次人口普查数据及第二次全国残疾人抽样调查数据估计，中国的中轻度残疾人口数量约6000万，重度残疾人口数量约2500万，共约8500万人。党的十八大以来，以习近平同志为核心的党中央高度重视残疾人事业，在提升残疾人的生活水平、医疗保障和就业安置等方面出台了一系列的法规和政策，并取得了新的突破和成效。尽管如此，残疾人就业难、就业质量不高的问题依然普遍存在。我国持证残疾人就业人数约880万人，仅占中轻度残疾人口的15%。残疾人口的低就业状况说明我国的残疾人事业依然有不小的发展空间。2022 年，国务院办公厅出台了《促进残疾人就业三年行动方案（2022-2024 年）》，制定三年实现全国城乡新增残疾人就业 100 万人的目标。

在保障残疾人就业上，不仅需要国家在法规和政策上的指引，更需要企业和社会中的每一个人的行动支持。但有些用人单位对残疾人就业存在认识上的偏见，导致在行动上有意或无意地歧视残疾人的应聘，从而影响了残疾人的就业。例如，个别用人单位竟然在招聘广告中公然表示不欢迎残疾人，虽然目标岗位的职责和任务并不复杂。更多的用人单位是在面试环节后因种种理由将残疾人排除在外。而有的单位虽然雇用了残疾人，但却是处于获得补贴和税收优惠的目的，并没有真正考虑残疾员工的实际困难，更没有保障残疾员工的职业发展和福利福祉。在过去几年，关于残疾人权益的诉讼案例层出不穷。2022 年 5 月 13 日，最高人民检察院与中国残疾人联合会共同发布 10 件诉讼典型案例，其中有 3 件直接涉及残疾人就业权益保障。

注意到这些"反面教材"的同时，我们也要看到有些企业在为我国的残疾人事业做出的贡献。总部位于河南省长垣市的驼人集团，是一家从事医疗器械耗材的企业。经过近 30 年的发展，驼人集团已经成长为国内外知名的医疗企业。企业辉煌的发展历史却掩盖不住董事长王国胜个人的传奇励志经历。王国胜身高只有 1.55 米，体重不足 40 千克，从小驼背残疾。面对命运的不公，王国胜并没有自暴自弃，反而做出了常人都无法实现的奇迹事业。王国胜的愿望是在 2025 年驼人集团能够成为中国医疗器械的头部企业，为 1000 名残疾人提供就业岗位。

残疾人虽然在身体功能上不及健全人，但是在意志和志向上却不输常人。在 16 届东京夏季残奥运会上，我国残疾人运动员取得骄人战绩，获得 96 枚金牌、60 枚银牌、51 枚铜牌，并打破多项世界纪录，高居金牌榜和奖牌榜的双榜首。在北京冬季残奥会上，我国残疾运动员同样取得了历史突破，以 18 枚金牌、20 枚银牌和 23 枚铜的成绩首次位列冬残奥会金牌榜和奖牌榜的双榜首。

对残疾人的帮助不仅是简单地提供基本的生活保障，而是要根据残疾人自身的特点，培养他们自力更生的能力，只有这样才会让他们赢得社会的尊重，才会更有幸福感、安全感和获得感。那么，如何从国家、社会和企业三个层次促进残疾人就业？作为企业从事人力资源管理的专业人士，应该如何避免就业歧视？

21.4　案例使用说明

21.4.1　案例价值

（1）专业元素。

1）人—岗位匹配。在企业招聘中，面试官应该基于胜任力模型考察应聘者和岗位的匹配程度。只要残障人士能够胜任应聘的岗位，或者有潜力胜任应聘的岗位，面试官都不应该以不相关的理由将残障人士排除在外。

2）人—组织匹配。组织应该树立平等的核心价值观，积极承担企业社会责任。只有当企业文化关注包容、友善和关爱的时候，面试官才会在认知和行动上减少对残疾人的偏见和歧视，给残疾人创造平等的就业机会。

（2）思政元素。

1）构建中国特色哲学社会科学学科体系。坚持以马克思主义为指导，以人为本，逐步消除社会不公和实现共同富裕是中国特色社会主义教育的出发点和落脚点，也是构建中国特色哲学社会科学学科体系的立足点。案例内容让学生充分理解出发点、落脚点和立足点的重要作用。

2）了解专业领域的国家战略和法律法规。我国的残疾人口众多，但就业率和就业质量不高，成为共享经济社会发展成果和实现共同富裕的潜在问题和挑战。案例让学生认识到发展残疾人事业是国家整体战略目标的一部分，为发展残疾人事业，我国出台了多项法律法规和相关政策。

3）培育知行合一、经世济民的职业素养。商科的专业人才不仅要精通管理的理论知识，更要有家国情怀，具备理论联系实践、理论指导实践的能力。引导学生了解我国企业招聘中存在的矛盾和问题，并基于马克思主义实践观，启发学生寻找化解矛盾和解决问题的有效途径和方法。

21.4.2　教学安排

案例的使用过程可以分为三个步骤：

（1）是什么（What）。要让学生知道这个案例讲的是什么事情，让学生有代入感，有兴趣去了解更多与案例相关的内容。对案例内容的介绍可以依照一条逻辑主线：第一，通过介绍我国残疾人口数量、持证残疾人就业人口数量，让学生直观感受我国残疾人就业的基本情况。如果时间和课时允许，教师也可以进一步使用横向对比和纵向对比的方法，比较分析国内外的相关数据和党的十八大前后的相关数据，让学生有更加深刻和立体的认识。第二，介绍一些典型的残疾人就业歧视事件，让学生意识到目前存在的问题和挑战。与此同时，介绍一些优秀企业在支持残疾人就业方面做出的努力和贡献。这个环节也可以让学生自己列举身边的实例，增加学生的共鸣感。第三，让学生意识到残疾人除了在身体功能上受到限制外，在心智上与常人并无区别。教师可以简单介绍我国残疾运动员在东京夏季奥运会和北京冬季奥运会上取得的骄人战绩，让学生意识到发展残疾人事业是一项伟大的工程，是我党全心全意为人民服务宗旨的重要体现，是我国社会主义制度的必然要求。

（2）为什么（Why）。要让学生用专业知识分析案例中企业的哪些做法是对的，哪些做法是不对的，并知道背后的理论逻辑。在对案例中的问题有了直观体验之后，教师可以让学生分组讨论，利用之前所学的专业知识（如个体差异、胜任力模型、人岗匹配、人—组织匹配等）分析残疾人就业歧视的表面和深层次原因是什么，启发学生从宏观、中观和微观视角进行系统性分析。教师通过总结和拓展学生的分析，让学生理解发展残疾人事业、解决残疾人就业问题是一个复杂的系统性工程，不仅需要国家在法律、政策和制度上的保障和引领，也需要用人单位执行公平的招聘流程、践行企业社会责任和树立正确的企业价值观，还需要社会中每一个人在认识和行动上的理解和支持。

（3）怎么办（How）。启发学生通过应用专业知识改善企业实践，努力做到知行合一，为新时代的残疾人事业贡献力量。这一环节可以让学生进行角色扮演，假如"你是企业的人力资源主管"，如何避免"先入为主"和"以貌取人"造成的偏见和歧视，保证企业的招聘流程为每一个人创造了平等的就业机会。教师也可以从数字化和信息化技术的角度，启发学生思考企业如何结合残疾员工的特点和需要，营造智能友善的工作环境和公平合理的职业发展通道。通过"是什么""为什么"和"怎么办"三个融入思政元素的教学步骤，学生能够感受到知识的价值和力量，这不仅能够提升学生在理论上的获得感和在实践上的行动力，更能坚定学生的立场和价值观。

21.5　特色和创新点

（1）特色。①时效性强。2022年北京冬残奥运会在不久前落下帷幕。同年，国务院办公厅出台《促进残疾人就业三年行动方案（2022-2024年）》，引发社会对残疾人就业的关注。②关联性强。基于胜任力模型的人—岗匹配和人—组织匹配是人员招聘的基本原则，是学生需要掌握的核心知识点，也是分析案例的切入点和突破点。③情感性强。情感性的社会案例容易引起学生的共鸣和关注，也是拉近教师与学生的距离、理论与学生的距离以及学生与学生的距离的有效途径和方法。

（2）创新点。①代入激发兴趣。管理学的知识往往比较抽象，对理论的理解需要管理经验的积累，但本科生缺少管理经验。通过案例将学生代入某个具体的工作情景，让学生真实体验到管理的功能，会深度激发学生的兴趣。②共情引发思考。本科生年纪小、管理经验少，会对教师传授的管理理论产生一种距离感甚至排斥心理。案例呈现的是发生在每个人身边的故事，容易让学生产生共鸣。情感联结会促使学生思考故事发生的原因。③明理促进升华。培养新时代一流的商科人才，不仅要教会学生理解管理的知识和理论，明白管理背后的道理，更要让学生成长为改善社会的实践者、创造者，为消除社会不公平、实现共同富裕发挥自己的作用。

21.6 效果体现

（1）学生对知识点的理解更加深刻。教师通过讲授案例，并融入专业知识和思政元素，提升了学生的知识和能力水平，高分段的学生人数明显增加。

（2）学生对知识点的应用更加内生。在课堂测验和小组汇报中，学生能够主动将所学知识应用于解决实际管理问题，这体现了知识应用的内生性。

（3）学生对教与学的效果更加满意。教师通过对学习过程的控制和评估，增强学生学习的掌控感和获得感，让学生对自己的学习能力更加有信心。

22　价值链攀升：从华为看我国企业创新发展

——创新管理课程思政教育教学典型案例

丁秀好

22.1　课程的基本信息

22.1.1　课程简介

创新是引领发展的第一动力，抓住创新便抓住了发展全局的牛鼻子。习近平总书记在经济社会领域专家座谈会上强调："实现高质量发展，必须实现依靠创新驱动的内涵型增长。"创新驱动发展战略实施的关键是一批掌握关键核心技术的科技型企业的集群式崛起，核心则是不断提升中国企业的自主创新能力。

创新管理课程以国家创新驱动发展战略为指引，聚焦企业创新，讲授企业创新的基本理论和方法。创新管理涉及企业生产经营活动的方方面面，具有综合性和实用性特点，可以广泛应用于企业技术管理、新产品开发、战略决策、市场营销、人力资源管理、财务分析、知识产权管理等诸多领域，是工作和生活中必需的和必备的技能。

22.1.2　课程内容

创新管理课程秉承"顶天立地"的教学理念，理论讲授与大量案例融合，首先讲解创新的价值、概念内涵、类型和特点等基础知识，其次从组织情境角度分析如何建立创新型组织和制定创新战略，最后从过程角度讲授"搜寻—选择—保护—扩散"的创新管理过程模型，以揭示企业创新的规律和工具（见图22-1）。通过本课程的学习，学生能够理解并掌握创新的相关概念及其内涵；掌握建立创新型组织和制定创新战略的方法；掌握实施创新的步骤和工具；加深对企业创新实践和国家创新政策的理解，明确如何更有效地进行创新筹划和组织，更好地为企业发展和成长服务。

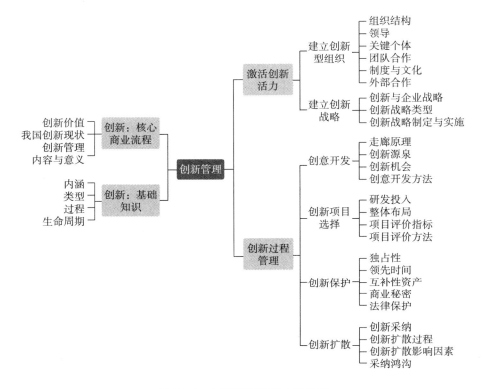

图 22-1 创新管理课程内容体系

22.1.3 课程目标

（1）知识目标。理解并掌握创新的相关概念及其内涵；理解并掌握营造创新环境和制定创新战略的工具和方法；理解并掌握"搜寻—选择—保护—扩散"的创新管理过程模型。

（2）能力目标。能够将创新管理的知识应用到工作、学习中，并能够观察和分析与创新相关的现象。

（3）思政目标。了解我国创新重大战略及政策，能够解读创新战略及政策制定背景、逻辑和意义；了解我国创新成就并理解成就取得内在原因；理解创新伦理的内涵，树立追求社会价值的信念，提升学生思想境界；了解创新管理理论的中国传统文化理论渊源，提升在中国情境进行创新及管理的能力。

22.1.4 授课对象

本科生。

22.1.5 使用教材

陈劲，郑刚．创新管理（第三版）［M］．北京：北京大学出版社，2020.

22.1.6 课程课时

32 学时。

22.2 示例章节信息

22.2.1 教学章节

第一章第一节：创新经济价值。

22.2.2 教学内容

（1）引导案例：华为为什么能从默默无闻到取得卓越经济回报？
（2）企业绩效：基于资源基础观点的解释。
（3）思考案例：沙特为什么斥巨资建设豪华大学？
（4）创新驱动发展战略。

22.2.3 教学目标

（1）知识目标。案例帮助学生理解创新带来的经济价值的逻辑，掌握通过创新获取竞争优势的方法。
（2）能力目标。掌握基于价值、稀缺、难以模仿和难以替代特点判断资源能否竞争优势的能力，并具备预测并创造具备四种属性资源的能力。
（3）德育目标。了解我国企业在全球价值链的位置和企业强化创新活动的紧迫性，理解并认同我国的"双创"政策。

22.2.4 教学课时

1 课时。

22.3 案例介绍

价值链攀升：从华为手机业务看我国企业创新发展

22.3.1 华为：交换机起家

华为创立于 1987 年，是全球领先的 ICT（信息与通信）基础设施和智能终端提供商。2022 年，华为约有 19.5 万员工，业务遍及 170 多个国家和地区，服务全球 30 多亿人口。

1987 年，任正非与五位合伙人共同出资 2 万元，在广东省深圳市成立了华为公司。此时，华为的主要业务是代理中国香港公司的交互机。

在做中间商的过程中，任正非发现我国电信行业对交换机的巨大需求，蕴含着巨大商机；而且，我国的通信设备依赖进口。任正非不满足华为仅是一个中间商企业，志于打破电信设备主要由国外企业垄断的局面。自此，华为走上了研发之路。

1988 年，任正非从华中科技大学挖来了 21 岁的在读硕士研究生郭平，郭平推荐了清华在读博士研究生郑宝用，郑宝用放弃了博士学位，全身心投入到华为的产品研发中。很快华为研发出了第一款自主交换机 HJD-48（BH-03U），到 1991 年华为已经研发出了 3 款交换机。1992 年，华为交换机大量进军市场，从中低端破局，年产值达到 1.2 亿元。大型数字程控交换机 C&C08 在 1993 年 10 月研发成功并投入使用，1995 年通过邮电部生产定型鉴定，借"村村通"工程的东风获得 13 亿元订单。

华为初期主要采用农村包围城市的战略，尽管初期产品不完善，经常出现质量问题，但是，华为派出大量市场和技术人员到设备使用现场，及时解决产品使用中的问题，推动产品不断迭代升级，不仅赢得了用户的认可，而且提升了公司的技术水平。

随着员工数量急剧增加，营业收入迅速增长，华为规模迅速扩大，管理问题开始出现。为此，华为进行现代化企业建设，调整组织结构，优化管理流程优化。以引入集成产品开发（IPD）为例，华为通过解放思想、对外开放、改革树威、特区试点、全面复制的路线取得了全面成功。

技术的不断积累和管理的日趋完善，1995 年，任正非对华为的市场和产品战略进行了调整。首先，华为紧跟国际技术趋势，开始产品多元化发展，布局多媒体业务、传输业务和数据通信业务。其次，华为举起了全球化大旗，以中国香港为突破口，逐步向俄罗斯等独联体国家和亚非拉国家渗透。在此过程中，华为成立了北京和上海研究所，招揽更多人才，支持企业业务发展。

华为的技术实力和世界顶尖水平的差距已经微乎其微，华为国家化的步伐转向发达国家市场。欧洲是阿尔卡特、爱立信、西门子和诺基亚等老牌顶尖设备商的所在地，是对华为的巨大考验。华为仍沿用从相对偏远、贫苦和落后国家入手的策略，以优质低价和全面服务赢得市场。

华为的快速发展特别是对高端市场的抢占，呈现出对思科的快速赶超之势，让思科感受到了严重的危机。2003 年 1 月 22 日，思科发起对华为的知识产权诉讼。思科起诉华为的一个重要目的就是令其官司缠身，想借此事打击华为海外拓展的信心。华为一贯具有很高的知识产权意识，很早以前就专门成立了知识产权部，建立了相应的知识产权管理体系，保护并尊重他人的知识产权。在应对思科对华为的诉讼中，华为在美国请最好的律师来应对官司，"用美国的方式，在美国当地打赢官司"。2004 年 7 月 28 日，在经历了 1 年多的博弈之后，华为与思科的知识产权案最终以和解拉上了幕布。

华为的创新能力和尊重知识产权的态度受到广泛赞誉，国际化和高端市场开拓顺利推进。2004 年 12 月，华为进入荷兰市场，标志着成功打入了高端市场，法国、德国、英国等国家也纷纷打开了大门。

2006 年，华为重点研发的 3G WCDMA 和 4G LTE 开始为华为带来巨额利润回报。2009 年，华为无线接入市场的份额跻身全球第二，移动宽带产品市场份额全球第一。2016 年，华为取代爱立信成为电信市场的霸主。

22.3.2 华为：手机业务再发力

华为的通信基因让其在手机业务领域具有天然的优势。早在 1997 年 5 月，华为就成功研发了第一代 GSM 系统。华为话机事业部研发了最早的数字电话机，但由于外部外包造成质量不稳定、返修率高，而且公司资源有限，与运营商业务比缺乏吸引力，因此，华为中止了电话机业务。

2003 年，为了获得基站业务，华为答应了欧洲运营商提供 3G 手机的条件，成立了手机业务部。当时，华为手机是低端形象，利润很低，华为一度想出售手机业务。

为了改变华为手机形象，提高产品利润率，2008 年，华为决定抛弃定制机，做品牌手机。2009 年，华为海思研发出第一款手机芯片，但是市场反应平淡。

2011 年，iOS 和安卓系统统治市场后，华为抓住智能手机高速发展的东风，在品牌形象和高端市场开始取得突破。2012 年，余承东主导的 Ascend 系列上市，定价 2999 元的 P1 吹响了冲击高端的号角。同年，海思第二款产品诞生，但用户体验较差。

经过多年的探索和积累，2014 年，搭载麒麟 925 的 Mate 7 大获成功。2015 年，华为手机出货量 1.08 亿台，全球市场份额 9.7%，稳居全球前三。2018 年，华为消费者业务销售收入 3489 亿元，是华为最大的业务，智能手机的蓬勃发展起到了关键作用。2020 年 4 月，华为当月全球手机份额达到 21.4%，超越三星的 19.1%，成为全球第一。

市场研究机构 Strategy Analytics 对智能手机市场分析发现，2016 年全球智能手机市场总利润中，苹果占 79.2%、三星占 14.6%、华为占 1.6%、OPPO 占 1.5%、vivo 占 1.3%。Strategy Analytics 发布的 2020 年第三季度智能手机的利润分配数据中，苹果占 60.5%，三星占 32.6%，华为等企业的手机业务利润率不高的问题仍然没有得到有效解决。

22.3.3 华为：国际制裁

鉴于通信技术和设备在经济、军事领域的巨大价值，华为的崛起让西方国家感受到了威胁。美国为了维护科技霸权，对华为进行了残酷的打压。

从 2018 年开始，美国就开始有意打压华为的发展，包括禁止华为手机进入美国市场、禁止美国政府和承包商使用华为设备等，甚至要求德国、日本等国家的电信公司不使用华为的设备。

2019 年 5 月 15 日，时任总统特朗普突然以国家安全为由，将华为列入实体清单。在未获得美国商务部许可的情况下，美国企业被阻止向华为及其附属公司出售产品或服务。受此制裁的影响，华为不仅无法使用高通芯片，而且无法使用谷歌 GMS 框架，与伟创力的合作全面终止。

2020 年 5 月 15 日，美国升级了对华为的制裁内容，制裁强度进一步提升：所有使用美国技术的厂商，向华为提供芯片设计和生产都必须获得美国政府的许可，直接导致台积电、三星甚至是国内的中芯国际都无法为华为制造先进制程的芯片，海思麒麟芯片无法生产。

2020 年 8 月 17 日，美国将 38 家华为子公司列入实体清单，进一步限制华为使用美国技术的权限。

2021 年 3 月，美国开展了对华为的第四轮制裁，限制华为的器件供应商只要涉及美国技术的产品，就不允许供应华为 5G 设备。根据 Dell'Oro 集团的数据，华为 2021 年占全球通信设备市场 28.7% 的销售额份额，同比增长 7%，位居全球第一，但是根据知名市场调研机构 Counterpoint Research 的数据，华为智能手机销量已跌至全球第九。

22.3.4 创新驱动发展国家战略助力企业升级

随着我国经济发展水平不断提高，我国生产要素价格不断提高，我国大陆企业的价格优势，包括人工成本和原材料等正在逐渐丧失，全球价值链中生产加工环节的业务面临东南亚等国家的蚕食。以华为为标杆，我国企业要通过创新获取核心技术，向高附加值和高利润业务发展，进而推动我国经济发展。尽管在此过程中我国企业可能面临一系列挑战，不仅包括技术本身的难度，而且会受到跨国企业乃至发达国家的阻挠。幸运的是，我国政府营造利于创新的政策环境，为企业创新发展助力。例如，我国加大对基础研究的支持，对芯片行业补链壮链，解决"卡脖子"问题，助力华为等企业发展，保障产业链安全。

由此可见，企业的创新发展不仅依赖于自身的努力，更依赖于国家创新体系的完善和支持。为此，我国政府高瞻远瞩，制定一系列政策激发国家创新体系参与者的活力，特别是国家创新体系主体企业的动力，并配置合理的资源，推动国家创新体系的顺畅运转。

2014 年 8 月 18 日，习近平总书记主持召开的中央财经领导小组第七次会议提出实施创新驱动发展战略。2014 年 9 月，李克强总理在夏季达沃斯论坛提出了"大众创业、万众创新"。2015 年 6 月 11 日，国务院印发了《关于大力推进大众创业万众创新若干政策措施的意见》，提出要改革完善相关体制机制，构建普惠性政策扶持体系，推动资金链引导创业创新链、创业创新链支持产业链、产业链带动就业链。后续各级政府出台大量政策措施推动创新创业发展。

2016 年 5 月，中共中央、国务院发布了《国家创新驱动发展战略纲要》（以下简称《纲要》），为加快实施国家创新驱动发展战略做出部署，明确 2020 年进入创新型国家行列，到 2030 年跻身创新型国家前列，到 2050 年建成世界科技创新强国的三步走战略目标。《纲要》制定了实现目标的主要举措，包括强化重点领域和关键环节的任务部署，从体制改革、环境营造、资源投入、扩大开放等方面加大保障力度。

党的十九届五中全会提出，坚持创新在我国现代化建设全局中的核心地位，把科技自立自强作为国家发展的战略支撑，深入实施创新驱动发展战略，完善国家创新体系，加快建设科技强国。创新驱动发展是指导我国未来科技发展的重要战略决策。

22.4 案例使用说明

22.4.1 案例价值

（1）专业元素。基于资源基础观点分析产业链价值分配的逻辑，引导学生掌握创新影响产业链价值分配的原理，理解创新在企业竞争力和国家富强中的核心作用。

（2）思政元素。讲解我国创新政策（创新驱动发展战略、国家知识产权战略、双创政策等）制定的背景和意义，加深学生对国家政策先进性的理解，增强学生对我国创新政策的认同感。

22.4.2 教学安排

（1）华为为什么如此注重创新和核心技术：一个创新分析框架。讨论华为在创新方面的巨大成绩，以服务器和智能手机为例提问：为什么华为敢啃"硬骨头"？华为的利润率为什么能持续提升？

基于 Schmidt 和 Keil 于 2013 年在 *Academy of Management Review* 提出的创新分析框架，课程讲授终端消费市场决定了产品及其背后资源的价值：产品售价、消费者意愿支付价格和产品成本。当消费者意愿支付价格远高于产品售价时，消费者觉得产品物超所值，在支付产品价格后获得大额消费者剩余，产品市场反应好，销售收入高。与此同时，产品售价远高于产品成本，单件产品的毛利率高，厂商的利润丰厚。此时，消费者和厂商处于双赢状态，厂商获得了利润，消费者获得了消费者剩余和使用价值。例如，华为的 Mate 手机正属于这种类型，从基本效用、产品形式、附加产品和心理产品四个方面全方位改进，得到了消费者的认可，企业也得到了丰厚的回报，这是对创新的奖赏。

一方面，如果消费者意愿支付价格低于产品售价，则消费者认为产品名不副实，产品难以打开市场。另一方面，产品售价和成本持平乃至低于成本，企业难以从产品销售中获得利润，甚至处于亏损状态。这是创新的最差结果，是需要避免的情形。

请同学们分析其他可能的情形：消费者意愿支付价格高于市场售价，市场售价略高于甚至低于产品成本；消费者意愿支付价格低于市场售价，市场售价远高于产品成本，并举例说明。

（2）供应链利润分配：VRIN 框架。产品是华为和众多供应商一起创造和生产的，供应链中的利润是如何分配的？

课程说明利润分配是基于各个企业的讨价还价能力，什么决定了企业的讨价还价能力？

课程提出 VRIN 框架，即具有有价值（Valuable）、稀缺（Rare）、难以模仿（Imitable）和难以替代（Non-substitutable）四种属性生产要素的企业在供应链中具有更强的讨价还价能力，因为它们的不可替代性更强。

以 Mate 手机为例，首先华为提供了整体的设计，并开始提供麒麟芯片等核心部件，分得的利润较高。其次是核心零部件供应商，它们的毛利率也比较高，如内存和屏幕等。毛利率最低的是非核心零部件和组装加工，因为这些资源尽管有价值，但是容易被替代。目前，尽管中国大陆企业广泛参与智能手机产业链，生产更是高度集中于中国大陆，但是获得的利润非常微薄。

（3）微笑曲线：企业竞争力。课程说明具有 VRIN 属性的资源主要是通过创新来产生的，因此，在全球价值链中存在"微笑曲线"现象：微笑曲线两端的研发密集和信息密集型活动获得更多的利润，而中间从事生产加工的企业获得利润微少。例如，个人电脑产业，利润大部分被 Intel 和微软获取，因为有个人电脑"Wintel"联盟的说法，包括联想、戴尔、华硕、宏碁等的利润水平并不高。

研发和信息密集型活动的产品是创新的结果，创新可以产生有价值、稀缺、难以模仿和难以替代的资源，从而成为产业链中必需又唯一的环节，掌握这种资源的企业讨价还价能力强，可以拿到更好的价值分配比例。因此，通过创新实现产业升级可以提升企业盈利水平，推动国家经济发展和增长。

课程进而介绍中等收入陷阱，即一个国家由于某种优势达到了一定收入水准，原有的发展优势渐渐消失了，无法向微笑曲线两端攀升，经济停滞甚至后退，不能进入高收入国家的行列。

（4）跨越中等收入陷阱：国家创新政策。课程讲授中等收入陷阱现象。当一个国家经济发展水平较低时，它的生产要素价格低，包括原材料和劳动力等，此时，将资源和劳动力密集型产业放到这个国家具有比较优势，可以降低产品的成本。因此，这个国家会被纳入全球产业链。生产活动的组织带动国家经济发展，人民生活水平提高。与此同时，这个国家的生产要素价格也会提升，生产成本上升，生产要素成本比较优势逐渐消失，资源和劳动力密集型活动逐渐被其他发展水平更低的国家承接。

此时，如果这个国家的企业无法向高附加值活动转移，将会产生严重后果：企业业务减少，工人大量失业，经济增长停滞乃至后退，人民生活水平下降，社会问题频发，即陷入"中等收入陷阱"。破解"中等收入陷阱"的方式是产业升级，企业向高附加值业务跃升，而创新是企业达成这一个目标的唯一途径。

国家创新水平的提升是一个系统工程，不仅需要企业自身的努力，而且需要政府营造更好的创新环境。企业是国家创新体系的主体，国家需要制定政策为企业创新保驾护航。

结合案例材料，说明我国制定"创新驱动发展战略"、"国家知识产权战略"、完善"大众创业、万众创新"配套措施的目的和逻辑。我国的创新相关政策从体制改革、资金支持、创新保护、营商环境等方面进行了全面部署，推动企业进行创新，实现产业升级，进入高收入国家行列。

在讲授创新的经济价值的过程中，联系我国经济发展趋势，分析我国经济政策，知识点和思政元素完全契合，能够增强学生对现实经济问题的理解，增加对我国经济政策的认同。

22.5　特色和创新点

（1）专业知识和思政教育完美契合。课程知识点创新经济价值和当前创新对我国的重要价值是一致的，两者之间是理论和证据的关系。

（2）案例紧密结合当下学生关注的热点。新闻报道和日常生活中创新都是热点词汇，而且高校有众多"双创"比赛，解释"双创"火爆的原因，能够引起学生的学习兴趣。

（3）关注我国重要政策宣传正能量。教育部印发的《高等学校课程思政建设指导纲要》，要求帮助学生了解相关专业和行业领域的国家战略、法律法规和相关政策，该案例响应号召介绍国家重要战略政策。

22.6　效果体现

（1）引发了学生的学习兴趣。当教师提问"我国出台'双创'政策的目的和意义"时，能够引发学生兴趣和思考。

（2）案例分析后，学生进一步认识到创新管理课程的价值和作用，增加了对课程的兴趣。

（3）案例分析后，学生明白了国家政策制定的意义，增强了对党和国家的认同和崇敬之情。

23 绿水青山就是金山银山：基于外部性的分析视角

——管理经济学课程思政教育教学典型案例

钱宁宇

23.1 课程的基本信息

23.1.1 课程简介

管理经济学是微观经济学在管理实践中的应用，是沟通经济学理论与企业管理决策的桥梁，它为企业决策和管理提供分析工具和方法，因此是管理类专业学生必须掌握的专业基础课，在商学院学生培养计划中占有重要地位。

本课程以微观经济学的经典理论为基础（主要包括价格理论、消费者行为理论、生产者行为理论、市场结构理论，以及市场失灵和微观经济政策等），以单个经济单位的经济行为为对象，研究家庭、厂商和市场如何合理配置经济资源。

通过本课程的学习，能使学生在了解、认识和掌握微观经济学的基本理论和基本分析方法的基础上（供求分析法、边际分析法、成本收益分析法和博弈论分析法等），提高抽象思维能力和逻辑思维能力，培养学生运用经济学的分析方法分析问题和解决问题，帮助学生理解当今经济生活中的各种现象，使学生全面系统地认识市场经济关系及其发展的规律性。

23.1.2 课程内容

管理经济学课程内容如图23-1所示。

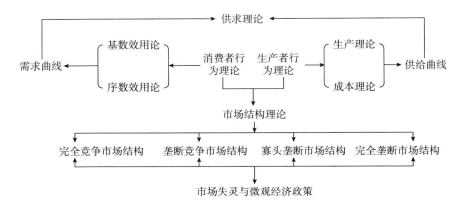

图 23-1 管理经济学课程内容

23.1.3 课程目标

（1）知识目标。使学生能够在掌握微观经济学相关概念、知识点的基础上，领会相关概念、原理、方法的区别与联系。

（2）能力目标。使学生具备应用基本概念、基本理论、基本方法提出、分析、解释社会经济现象并解决实际问题的专业基础能力、系统思维能力以及专业实践能力。

（3）思政目标。坚持习近平新时代中国特色社会主义思想铸魂育人、贯彻党的教育方针、落实立德树人根本任务，推进"四个自信"进课堂进头脑；将管理经济学原理结合中国经济发展和改革实践，培育和践行社会主义核心价值观；培养学生经世济民、诚信服务、德法兼修的职业素养。

23.1.4 授课对象

本科生、工商管理专业的学生。

23.1.5 使用教材

《西方经济学》编写组．西方经济学（第二版）（上册）［M］．北京：高等教育出版社，2019.

23.1.6 课程课时

48 学时。

23.2 示例章节信息

23.2.1 教学章节

第八章第二节：市场失灵和微观经济政策——外部性。

23.2.2 教学内容

（1）案例导入。从"外部性"看农业废弃物的资源化利用。

（2）知识讲授。外部性的含义及其分类；外部性导致资源配置无效率；纠正外部性影响的微观经济政策。

（3）课堂总结。本节内容小结与课后任务布置。

23.2.3 教学目标

（1）识记外部性的基本含义及其分类。

（2）外部性导致资源配置无效率（重难点）。

（3）应用纠正外部性影响的微观经济政策分析实际案例，解决实际问题（重难点）。

（4）阐释社会主义生态文明建设的重要意义。通过在引例中导入环境污染中的外部性现象，强调政府手段在消除外部性引发市场失灵方面的重要性，帮助学生进一步深刻理解社会主义生态文明建设的重要意义。

23.2.4 教学课时

2 课时。

23.3 案例介绍

绿水青山就是金山银山：基于外部性的分析视角

（1）材料一。

果农在苹果种植的增色环节铺设反光膜，这种反光膜会造成"白色污染"

问题。戴文创办的新农科技有限公司正在建设一个反光膜回收利用的项目，投产后可将全域反光膜全部回收并加工成塑料绳供果园拉枝使用。

（2）材料二。

良好生态环境是人和社会持续发展的根本基础，节约资源和保护环境是我国的基本国策。农业废弃物的资源化利用之路，绝对不是一条好走的路。当今市场机制已逐步健全，市场氛围已经如此浓厚，但农业废弃物的资源化利用却未得到市场机制的解决。如果这是收益大、周期短、门槛低的行当，也许早就通过市场的供需体系解决了，也就不再需要政府的关注和政策倾斜。正是存在市场失灵的领域，因此政府需要出手。反之，往往政府出手最多、用力最猛的地方，很可能就是市场规律无法有效调配资源的地方。

与市场失灵相关的一个经济学词汇是"外部性"，简单来说，经济学中的"外部性"就是指市场交易中买卖双方的行为对第三方造成的影响，这种影响有正的，也有负的。一个正外部性的例子是自己未接种疫苗，但能够依靠其他人接种了疫苗降低被感染的风险。当企业生产排污对生态环境造成影响时，需要全社会共同付出治理成本、公民健康受损，这就是负外部性。同样，农业废弃物的资源化利用也存在负外部性。这样环境治理的成本，哪怕只是其中的一部分，也必须让反光膜的买卖双方承担，这就是不少地方提出的农膜"谁生产、谁回收"措施，以及农民有义务回收自己使用过的反光膜的理论基础。

与此相对应的是戴文创办农膜回收利用企业，一方面有商业属性，另一方面有公益属性。环境治理是有成本的，特别是在目前行业技术并不成熟、流程还不稳定时，由政府从资金、政策等方面给予支持，弥补一部分的经营性成本，即便是超越一般优化营商环境意义上的支持力度，都是必需的，也是可以理解的。当然，不仅是农业废弃物资源化利用行业，所有类似的有着正外部性的企业，都应该得到更多的社会资源的支持。

政府对农业废弃物资源化利用行业的支持，既是生态文明建设的一部分，也是源于对外部性的考虑，为的是推动这个产业发展，解决社会公共问题。在农膜处理的问题上，政府付出了巨大努力。例如，户捡拾、组督查、村转运、站收储、企利用的"五级一体"废旧反光膜回收利用体系建设，特别是从上而下的督查机制，政府都在尽可能地保证企业的原料供应。在一些政策支持、财政扶持方面，政府也做了大量工作。

企业需要政府的支持，但从长远来看，更需要自己努力，去闯出一条可持续发展之路。最理想的状态就是充分利用政府扶持的机会窗口，找到更适合自己的盈利模式。戴文通过大量的科研与技术创新，实现技术上的领先，在实现农业废弃物回收利用创收的同时，还筹划着通过向外输出技术和模式，获得更大的收益。不得不说，这是一种更为先进和长远的思路。

农业废弃物资源化利用行业，投入多、技术壁垒高、收益周期长，让不少人避之不及。但进入门槛高，意味着竞争少，在目前各行各业竞争激烈的时代，找到一片"蓝海"，才能够发挥企业的价值。先行者每走一步都是在"无人区"开拓，没有国家标准，那先行者每个成熟的经验都有可能转化为国家标准，从而受益。从戴文这几年的实践可以看出，农业废弃物资源化利用也能做出一番事业，而且还能获得不错的收益。更好的消息是，这个行业还有光明的前景。

23.4 案例使用说明

23.4.1 案例价值

（1）专业元素。外部性的定义与分类，外部性导致资源配置无效率及其纠正。通过引导学生从环境污染造成的危害这一常见现象入手，建立起对外部性的直观认识，进而对本案例涉及的农业废弃物的外部性以及外部性导致资源配置无效率及其纠正进行分析。

（2）思政元素。社会主义生态文明建设的重要意义。通过上述案例使学生更加深刻地了解污染治理的外部性，及其对资源配置的扭曲，进而阐释政府干预手段对这种扭曲的关键作用，以及习近平总书记提出建设社会主义生态文明的重要意义，从而鼓励大学生未来投身社会主义生态文明建设，成为新的有生力量。

23.4.2 教学安排

（1）案例导入——初识外部性。

在案例导入过程中，首先介绍案例发生的大背景，苹果采摘之后，反光膜被大量废弃，形成了严重的污染；其次启发学生对身边污染事件的回顾，引起大家共鸣。并在此基础上强调反光膜污染的危害以及推进农业废弃物资源化利用的重要意义。以此为切入点，引入本案例的思政元素：建设社会主义生态文明的重要性。并适当介绍我国社会主义生态文明建设的来龙去脉，让学生学习我国出台的《中共中央、国务院关于加快推进生态文明建设的意见》《关于推进农业废弃物资源化利用试点的方案》等重要文件。再回到案例，分析反光膜回收的困难以及政府在本案例中进行财政支持，建立户捡拾、组督查、村转运、站收储、企利用的"五级一体"废旧反光膜回收利用体系等方面的工作，体现政府为消除反光膜回收行为外部性所做的努力。最后引导学生基于"成本—收益"的经典微观经济视角对该案例涉及的推进农业废弃物资源化利用行为，进而引出外部性概念，并对其造成的资源扭曲以及消除该扭曲进行分析。

为了达到这一目的，首先为学生展现外部性分析模型（见图23-2）。其次重点分析社会收益这个概念，强调私人收益与社会收益的区别，以及分别基于社会收益与私人收益得到市场均衡的差异。由于社会收益是最为理想的收益函数，那么社会收益与私人收益分析的市场均衡的差异就体现了资源配置的扭曲——无谓损失的产生。在此基础上，向学生提问：是什么造成了社会收益与私人收益的差异，进而导致资源配置的扭曲，如何消除这种扭曲？这些问题的回答，引入了外部性的理论分析。

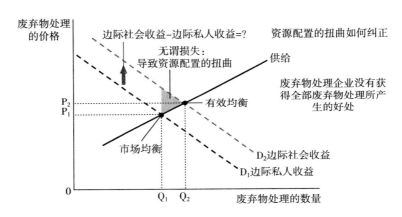

图23-2 外部性分析模型

（2）讲解概念——识记外部性。

外部性指的是没有直接参与某产品或服务的生产或消费的人却从中获得收益或支付成本。

外部性的影响在于其造成私人成本与社会成本的差异。其中私人成本是由商品或服务的生产者承担的成本；社会成本是生产产品的总成本，包括私人成本和外部性成本。同理，这也造成私人收益与社会收益的差异。其中私人收益是由商品或者服务给消费者带来的收益；社会成本是消费产品的社会总收益，包括私人收益和外部性收益。

（3）构建模型——分析外部性的资源配置的纠正。

结合图23-2，降低污染行为的外部性是正外部性，即降低污染给个人带来的收益低于其事实上对整个社会带来的收益，因此其对资源配置的扭曲根源来自边际私人收益（Q_1）低于边际社会收益（Q_2）。基于此，纠正此外部性对资源配置扭曲的方法就是增加个人降低污染而获得的收益。例如，政府可以对降低污染行为进行补贴，当补贴后个人获得的收益与社会收益重合时，正外部性对资产配置的扭曲被消除（见图23-3）。而这正是在本案例中，政府进行财政支持，建立户捡拾、组督查、村转运、站收储、企利用的"五级一体"废旧反光膜回收利用体系等支持行为的理论解释。与此呼应，在课堂上激发学生分析发电厂排污、二手烟等行为所产生的负外部性，以及负外部性对资源配置的扭曲和纠正。

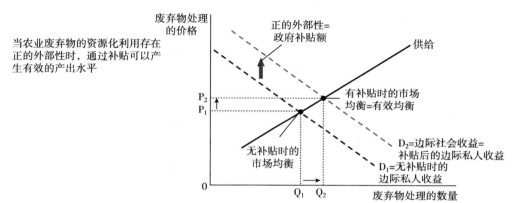

图23-3 外部性资源配置扭曲的纠正

（4）课堂总结——外部性模型的分析应用。

总结本次课所讲授课堂内容。同时，为了学以致用，具有应用所学知识提出问题、分析问题、解决问题的能力，给出专题研讨式话题作为课后作业：对新冠肺炎疫情防控期间政府发放专项消费券行为进行解释。

23.5 特色和创新点

（1）思政教育融入课程案例，不仅能够将思政教育隐性化，而且能够有效克服思政内容与专业内容时间冲突问题。本章将《从"外部性"看农业废弃物的资源化利用》作为导入案例，不仅和课程内容密切相关，而且深入挖掘导入案例中的思政元素和思政素材，利用该方法可以将思政教育与专业教育有机融合，将思政内容隐性化于导入案例的同时，有效克服了思政内容与专业内容的时间冲突问题。

（2）本教学安排遵循"循序渐进"与"润物无声"两原则。本课程内容的学习，首先通过《从"外部性"看农业废弃物的资源化利用》导入案例，引出身边环境污染的例子让学生对外部性建立直观印象；其次在识记外部性概念的基础上，领会外部性对资源配置的扭曲，并建立模型对其进行纠正，完成"识记"到"领会"再到"应用"的进阶；再次在每一个阶段，我们都与案例所蕴含的思政知识相结合；最后通过专业知识与思政内容的有机融合，最终达到育人育才、润物细无声的目的。

23.6　效果体现

（1）掌握专业基础知识。识记外部性定义、分类等。

（2）具备实务工作能力。能够识别并建立模型分析具体事例中外部性对资源配置扭曲，以及如何纠正这种扭曲。

（3）理解建立社会主义生态文明的重要性。通过在《从"外部性"看农业废弃物的资源化利用》中政府支持行为（包括补贴、政策支持等）对农业废弃物的资源化利用的重要且有益的影响，阐释我国建立社会主义生态文明的重要性，最终通过案例生动有趣的讲解，思政元素与专业知识的有机融合，鼓励学生树立投身社会主义生态文明建设意识，进而在未来成为合格的建设者。

24 收入变动对消费者均衡的影响：从中国恩格尔系数持续降低说起

——管理经济学课程思政教育教学典型案例

蔡 俊

24.1 课程的基本信息

24.1.1 课程简介

管理经济学是管理专业学生必须掌握的专业基础课，在教学计划中占有重要地位。该课程的学习效果，将直接影响许多专业课程（如宏观经济学、国际金融、国际贸易、会计理论等）的掌握程度。

通过本课程的教学，使学生掌握微观经济学的基础知识和基本理论体系，了解和掌握经济学的根源、研究对象、发展史以及微观经济学在经济学体系中所处的位置。掌握需求、供给、均衡价格、弹性、消费者均衡和生产者均衡等基本概念，掌握不同市场结构下的生产者行为，并应该了解微观经济学前沿理论的发展情况。

通过本课程的学习，应使学生掌握微观经济学的基本理论和现代经济学的基本分析方法（供求分析法、边际分析法、成本收益分析法和博弈论分析法等），使学生了解某些西方经济理论对我国当前的经济改革和开放的借鉴作用，帮助学生理解当今经济生活中的各种现象，使学生全面系统地认识市场经济关系及其发展的规律性并能较为熟练地解决现实问题。

24.1.2 课程内容

管理经济学课程内容如图 24-1 所示。

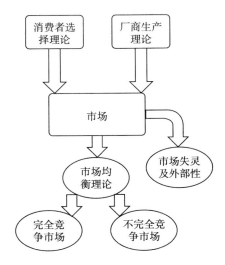

图 24-1　管理经济学课程内容

24.1.3　课程目标

（1）知识目标。通过本门课程的学习，学生需要掌握消费者均衡的定义和影响消费者均衡的因素，并会根据图像定性分析消费者均衡的变动。

（2）能力目标。旨在帮助学生能够根据经济学的基本理论知识，对市场供求发展趋势做出科学合理的预测；具备能够运用经济学分析方法分析解决社会经济现象和具体问题的能力；具有一定的经济论文、报告等的阅读和写作能力。

（3）思政目标。坚持习近平新时代中国特色社会主义思想铸魂育人、贯彻党的教育方针、落实立德树人根本任务，推进"四个自信"进课堂进头脑；培育和践行社会主义核心价值观；以马克思主义为指导，辨析、掌握西方经济学的研究对象、研究内容、研究方法和发展历程；培育学生经世济民、诚信服务、德法兼修的职业素养。

24.1.4　授课对象

工商大类专业必修课，管科大类必修课本科生。

24.1.5　使用教材

《西方经济学》编写组．西方经济学（第二版）（上册）［M］．北京：高等教育出版社，2019.

24.1.6 课程课时

48 学时。

24.2 示例章节信息

24.2.1 教学章节

第二章第四节：消费者均衡。

24.2.2 教学内容

（1）案例导入。首先通过课堂提问引入"恩格尔系数"这个概念，让学生分享自己的理解和认识。其次通过一个简短视频引入恩格尔系数、消费者均衡、收入增长的经济学名词，并引入介绍教材上相应的知识点。

（2）知识讲授消费者均衡的定义；收入变动对消费者均衡的影响；价格变动对消费者均衡的影响。

（3）课堂总结。本节内容小结与课后任务布置。

24.2.3 教学目标

（1）熟练掌握消费者均衡的定义及决定因素。

（2）理解收入变动和价格变动对消费者均衡的影响及其作用机理（重难点）。

（3）应用消费者均衡分析实际案例，解决实际问题。

（4）推进社会主义核心价值观，推进"四个自信"进课堂进头脑，通过在引例中导入"恩格尔系数"，引入时事，引导学生学以致用，思考理解和认识我们国家的大政方针，激发学生的"经世济民"理想和爱国爱家的"家国情怀"。

24.2.4 教学课时

1 课时。

24.3 案例介绍

收入变动对消费者均衡的影响：从中国恩格尔系数持续降低说起①

赖坤元记账已经有 16 个年头。近日，他与女友约会，晚饭花了 238 元，买衣服花了几百元，林林总总大小开支，他都一笔一笔记在了手机记账 App 上。

"最早记账是从小学开始，被老爸'逼'的，不拿每个月账本交换就得不到下个月零花钱。多亏老爸，我养成了记账的好习惯。"赖坤元翻箱倒柜，找出一本纸张有些泛黄的线圈笔记本，随手翻到其中一页，上面写着"2007 年 5 月 9日，橡皮一元，辣条五角"。他表示，学生时代的支出除了吃饭和零星的文具外几乎没有其他。账本上支出种类明显变多也就是最近五年的事情。

在赖坤元上大学时，学校超市陆续开始支持手机支付，校园里穿梭着共享单车，宿舍楼下的外卖小哥逐渐变多。"那时父母给我每月 2000 元的生活费，吃饭就要花七八百元；现在收入高多了，生活也越来越丰富，买东西、看电影、与朋友聚餐、节假日出游，吃得更好了，但吃的消费占比并不多。"

日常饮食消费早已不是多数中国人消费中的"大头"。居民家庭中食物支出占消费总支出的比重被称作恩格尔系数，不同于其他大多数经济学指标"越高越好"，恩格尔系数是"低些更好"。在国际上，这一指标常常用来衡量一个国家和地区人民生活水平的状况：一个国家生活越贫困，恩格尔系数就越大；生活越富裕，恩格尔系数就越小。比较通行的国际标准认为，当一个国家平均家庭恩格尔系数大于 60% 为贫穷，50%~60% 为温饱，40%~50% 为小康，30%~40% 属于相对富裕，20%~30% 为富足，20% 以下为极其富裕。

"十三五"期间，中国恩格尔系数持续下降，从 2016 年的 30.1% 降至 2019年的 28.2%（见表 24-1）。

表 24-1 "十三五"期间中国人均收入和消费支出情况

年份	2016	2017	2018	2019	2020
居民人均可支配收入（万元）	2.38	2.60	2.82	3.07	3.22

① 《中国恩格尔系数持续下降》。

续表

年份	2016	2017	2018	2019	2020
同比增长（%）	8.4	9.0	8.7	8.9	4.7
居民人均消费支出（万元）	1.71	1.83	1.99	2.16	2.12
同比增长（%）	8.9	7.1	8.4	8.6	-1.6
恩格尔系数（%）	30.1	29.3	28.4	28.2	30.2

"恩格尔系数是衡量人民生活水平的一把刻度尺。"中国国际贸易促进委员会研究院副院长赵萍说，"作为发展中国家，'十三五'期间中国的经济发展成就辉煌，在消费方面我们也取得了不起的突破，百姓受益良多。"

"我的月薪比五年前涨了5000元！日常消费不用心里算来算去，喜欢就买。"姜女士是北京市某中学的教师，近年来，她的月薪连连"看涨"，各种补贴、奖金让她每次发工资都笑开了颜。

按照"十三五"规划纲要确定的目标，以2015年的价格计算，2020年我国居民人均可支配收入要增加到3万元。事实上，这一目标已在2019年达成。国家统计局局长宁吉喆介绍，2019年全国居民人均可支配收入突破3万元，中国人民生活质量进一步提高，居民收入水平上升，中等收入群体规模进一步扩大。

5年间，消费结构不断优化。吃穿之外，游览娱乐等消费选项更多走进人们生活。

北京姑娘小宋的账单里，餐饮支出不及购物支出高，其余的旅游、交通、礼品、文化等消费五花八门，种类繁多。"即使在餐饮中，也有一大部分是外出聚餐或者喝奶茶这种不仅仅是满足温饱的消费。"小宋说："在买东西时，我也会更注重商品品质，出去吃饭也会选择环境更好的餐厅。"

恩格尔系数的降低，反映出居民消费升级的大趋势。2016～2020年，越来越多的好货走进了中国寻常百姓家，"中国潮牌"屡屡惊艳世界，无人商店等新模式领先全球，而中国游客探索的脚步更把中国推上世界出境游大国的位置。随着经济社会的发展与居民收入水平的不断提高，中国人的消费正从"维持生活"向"享受生活"升级。而消费升级本身也成为中国经济发展的强劲动力，并吸引着全球投资者。

24.4　案例使用说明

24.4.1　案例价值

在消费者选择理论中的收入—消费扩展曲线知识点中引入时事，激发学生的"经世济民"理想和爱国爱家的"家国情怀"。

24.4.2　教学安排

（1）案例导入——初识"恩格尔系数"。

首先通过课堂提问：大家有没有记账这个习惯？大家平时吃饭消费占每个月生活费的比例是多少？大家有没有听说过"恩格尔系数"这个概念？鼓励学生踊跃发言，分享自己的理解和认识。其次通过一个简短视频引入恩格尔系数这个新闻上经常被提及的经济学名词，并介绍教材上的知识点。

在案例导入过程中，首先生动引出案例的背景、介绍案例梗概。其次详细介绍案例中的实例，以及实例中所涉及经济学知识，有机融合思政元素——激发学生家国情怀，增强民族自信，展现我国"恩格尔系数"在"十三五"期间持续下降的实例。在讲解过程中，重点阐述国家层面居民消费的均衡，居民收入的增长和物价水平的变动，并结合学生的切身体会，了解他们对家庭收入变化的感知和学校生活对物价变化的感受。加深学生对案例的理解和认同。

（2）讲解概念——消费者均衡及其影响因素。

消费者均衡是指在收入和商品价格既定的条件下，理性的消费者试图选择使自身效用最大的商品的最优数量组合。其由消费者的无差异曲线簇和预算约束线的切点决定。

消费者收入的变化会影响预算约束线（平行）位置，而商品价格的相对变动会影响预算约束线的斜率，所以这两者都会影响消费者的均衡选择。

（3）学以致用——感受国家发展变化，增强民族自信。

如果父母给的生活费增加了 500 元/月，大家会怎么消费？如果食堂里面条的价格上涨了 50%，大家会不会更多选择吃米饭？小到个人，大到国家，这些都适用。近年来，特别是"十三五"期间我国的人民生活水平有了很大的提升，其中一个很重要的体现就是"十三五"期间，中国"恩格尔系数"持续下降，从 2016 年的 30.1% 降至 2019 年的 28.2%。引入《中国恩格尔系数持续下降（十三五·中国印象（12））》案例，案例中大学生的实例和工薪阶层的例子更加贴近学生的大学生活和毕业以后的生活。可以在此处重点介绍恩格尔曲线的概念、由来以及绘制方法。引导学生学以致用，激发学生家国情怀，增强民族自信。

（4）课堂总结——计算自身的"恩格尔系数"。

总结本次课所讲授课堂内容。同时，为了学以致用，具有应用所学知识提出问题、分析问题、解决问题的能力，课上让学生估算一下自己上个月的"恩格尔系数"，并提交结果，画出分布图，最后和大家一起探讨分析"恩格尔系数"高低背后反映的经济学现象及原因。

24.5 特色和创新点

（1）思政教育融入课程案例，不仅能够将思政教育隐性化，而且能够有效克服思政内容与专业内容时间冲突问题。专业课程课时不断被压缩，很多课程仅有 32 个课时。很多教师反映，专业知识内容的讲授课时不够用，更没有多余时间专门讲解思政内容，该问题成了课程思政推行过程中任课教师的一大困扰。本章将思政专题案例《中国恩格尔系数持续下降（十三五·中国印象（12））》作为导入案例，不仅和课程内容密切相关，而且深入挖掘导入案例中的思政元素和思政素材，利用该方法可以将思政教育与专业教育有机融合，将思政内容隐性化于导入案例的同时有效克服了思政内容与专业内容的时间冲突问题。

（2）本教学安排遵循"初识'恩格尔系数'—学习消费者均衡及其影响因素—领会收入变动和价格变动对消费者均衡影响—应用收入变动和价格变动对消费者均衡影响分析"的思路，结合"社会主义核心观之——爱国"思政元素，寓价值观引导于知识传授和能力培养之中。本课程内容的学习，首先通过经济新闻中常见"恩格尔系数"，CPI 导入案例，使学生对消费者均衡及其影响因素有初步印象；其次在识记费者均衡及其影响因素的基础上，领会分析要点和图形表示，应用所学收入变动和价格变动对消费者均衡影响分析这一知识，提出、分析、解决实际问题，完成"识记"到"领会"再到"应用"的进阶；最后通过专业知识与思政内容的有机融合，达到育人育才、润物细无声的目的。

24.6 效果体现

（1）掌握专业基础知识。识记消费者均衡以及收入变动和价格变动对消费者均衡影响。前者指在收入和商品价格既定的条件下，理性的消费者试图选择使自身效用最大的商品的最优数量组合。其由消费者的无差异曲线簇和预算约束线的切点决定。消费者收入的变化会影响预算约束线（平行）位置，而商品价格的相对变动会影响预算约束线的斜率，所以这两者都会影响消费者的均衡选择。

（2）具备实务工作能力。能够运用图表分析收入增加或者商品价格变化对消费者均衡选择带来哪些影响，并体会其背后的经济学含义，解释生活中的经济学现象。

（3）树立民族自豪感。通过在引例《中国恩格尔系数持续下降（十三五·中国印象（12））》中"'十三五'期间，中国恩格尔系数持续下降，从2016年的30.1%降至2019年的28.2%"，强调收入变动对消费者均衡的影响，学以致用，学会分析身边的经济学现象和感受国家的发展惠及人民，激发学生家国情怀，增强民族自信。

25 "折翼"的海航：如何做好资本市场的"看门人"

——中级财务会计课程思政教育教学典型案例

钟宇翔

25.1 课程的基本信息

25.1.1 课程简介

中级财务会计是以财务报告的形式，将企业的财务状况、经营成果及现金流量等信息传递给外部会计信息的使用者，帮助他们进行各种经济决策。由于企业的经营、投资及理财活动不仅直接关系到企业的生存与发展，而且影响各类信息使用者的经济利益，并受到社会公众的高度关注，因此，企业对外提供的财务报告应能满足高品质的要求，在国内和跨国公司之间具有可比性，并能相互理解。唯有如此，才能使财务会计成为真正意义上国际通用的商业语言。

本课程以财务会计概念框架为理论基础，理论联系实际，例题的设计主要以我国上市公司的会计实务为例，结合现行会计准则等加以阐释。在课程内容的安排上既注重中级财务会计的体系完整，又兼顾与高级财务会计的协调与衔接。阐述问题思路清晰、语言精练、表达准确、内容丰富，体现了《中华人民共和国企业所得税法》《中华人民共和国公司法》《中华人民共和国个人所得税法》在会计实务中的应用。本课程旨在承前启后，成为连接基础会计和高级财务会计的一座桥梁。通过本课程的学习，应该全面掌握我国具体会计准则的内容，学会如何记录和如何编制、调整财务报表，懂得会计选择的经济后果，并能综合运用书本知识，解释和分析实际问题。此外，可以理解会计原则和假设在会计实务中的应用，能够掌握会计要素的确认、计量与报告，可以通过阅读财务报表了解企业的财务状况和经营成果，能够识别企业的财务造假或舞弊行为，从而让学生深刻地了解财务报告的"决策有用观"和"受托责任观"。

25.1.2　课程内容

本课程上接会计学原理的基本内容，例如，会计信息质量要求、会计原则、会计假设和会计要素等，但重点讲解这些基本原理在会计实务中的具体应用，并在此基础上形成财务报告，为高级财务会计的学习打下基础（见图25-1）。

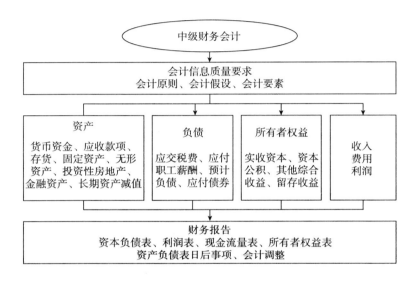

图25-1　中级财务会计课程内容

25.1.3　课程目标

（1）知识目标。通过本课程的学习，要求学生可以理解会计原则和假设在会计实务中的应用，能够掌握会计要素的确认、计量与报告，可以通过阅读财务报表了解企业的财务状况和经营成果，能够识别企业的财务造假或舞弊行为，从而深刻地了解财务报告的"决策有用观"和"受托责任观"。

（2）能力目标。首先，信息搜集能力，会计是一门关于信息的学科，学生在学习理论知识的同时，需要学会如何快速而有效地搜集分析所需要的信息。其次，数据分析能力，会计是一门实践性很强的学科，学生要能理解并运用不同科目之间的钩稽关系。最后，案例分析能力，学生要能够将学习的知识应用到具体的实际案例当中去，通过分析得出相关结论。

（3）思政目标。习总书记指出："国无德不兴，人无德不立。"本课程不但要求学生掌握专业理论知识和会计实务技能，而且坚持把"立德树人"作为中心环节，把思想政治工作贯穿教育教学全过程，实现全程育人、全方位育人。在教学的过程中，将专业知识和思政元素相结合，通过坚持政治性和学理性相统一、价值性和知识性相统一、建设性和批判性相统一、理论性和实践性相统一、统一性和多样性相统一、主导性和主体性相统一、灌输性和启发性相统一、显性教育和隐性教育相统一，以达到"立德树人"的目标，培养新时代的会计从业人员。

25.1.4 授课对象

本科生、会计专业的学生。

25.1.5 使用教材

戴德明，林钢，赵西卜．财务会计学（第 13 版）［M］．北京：中国人民大学出版社，2021.

25.1.6 课程课时

64 学时。

25.2 示例章节信息

25.2.1 教学章节

第十章第三节：非流动负债——应付债券。

25.2.2 教学内容

（1）案例导入。海航折翼：债务违约频发，命悬深渊边缘。

（2）知识讲授。应付债券的性质与分类；分期付息债券的发行；应付债券的摊余成本与利息费用的确定；应付债券的偿还。

（3）课堂总结。本节内容小结与课后任务布置。

25.2.3 教学目标

（1）了解应付债券的定义和种类。

（2）掌握应付债券的计价和应付债券的摊余成本与利息费用的确定（教学

重难点）。

（3）通过本章的学习，引导学生了解债权人保护的重要性，使学生树立社会利益为先的理想信念，积极认识到应有的社会责任，做到明德于心。

25.2.4 教学课时

2 课时。

25.3 案例介绍

"折翼"的海航：如何做好资本市场的"看门人"

海航集团有限公司前身是海南海航控股有限公司，成立于 1998 年。海航集团从地方航空运输企业发展成为跨国企业集团，注册资本增至 600 亿元，控股股东是海南交管控股有限公司，实际控制人为海南慈航公益基金会。截至 2019 年 6 月 30 日，公司总资产为 9806 亿元。

海航利用资金杠杆高速扩张，通过大规模全球并购实现多元化布局，同时也加剧了债务风险。2017 年，海航开始暴发流动性危机。据海航集团 2019 年 8 月公布的财务数据，截至 2019 年 6 月末，公司总资产为 9806.21 亿元，总负债为 7067.26 亿元。另外，据国泰君安固定收益研究统计，截至 2020 年 3 月 2 日，海航系企业存量债有 121 只（包括 51 只同业存单和 1 只商业银行二级债），存量债规模共计 742.8 亿元，1 年后到期及回售的存量债为 355.8 亿元，占比为 47.89%。其中，海南航空控股和海航集团存量债规模居于前两位，分别为 151.9 亿元和 144.0 亿元。而如此巨额的债务如何化解，成为债权人关注的核心问题。

虽然后来海航通过一系列方式自救，但自救不足以应对流动性危机，最终走向破产重整。2021 年 1 月 29 日，海航集团发布公告表明，收到海南省高级人民法院发出的《通知书》，相关债权人因海航集团不能清偿到期债务，申请法院对海航集团破产重整。2021 年 2 月 10 日，海南省高级人民法院裁定受理债权人对海航集团、大新华航空等 64 家公司的重整申请，指定海航集团清算组担任各子公司管理人，具体开展各项重整工作。2021 年 3 月 13 日，海南省高级人民法院依法裁定对海航集团等 321 家公司进行实质合并重整。

25.4 案例使用说明

25.4.1 案例价值

专业元素：应付债券的定义、种类、初始确认和后续计量，通过案例引导学生阅读海航的财务报告，让学生结合实际案例学习应付债券的专业知识。

思政元素：资本市场的健康发展离不开良好的债权人保护，通过上述案例让学生了解债权人保护的重要性以及会计人员在当中发挥的重要作用，使学生树立社会利益为先的理想信念，积极认识到应有的社会责任，做到明德于心。

25.4.2 教学安排

（1）案例导入——应付债券是什么？

案例导入的过程中，首先通过提问的方式让不同的学生讲述乘坐不同航空公司班机的乘坐体会，引出案例的主角——海南航空。作为后起之秀，海南航空曾十次蝉联"SKYTRAX 五星航空公司"荣誉。其次详细介绍案例事件始末，在案例事件讲解过程中自然而然地引出债权人保护。海航资不抵债，成为我国自 2007 年开始实施新破产法以来最大的破产案，也将是我国企业破产史上乃至我国经济史上最大的破产重整案之一。在案例分析的过程中，将结合海航 2007～2020 年的财务报告，让学生了解应付债券在财务报表中所处的位置，并结合专业知识讲解应付债券的概念和定义；通过对应付债券科目附注的阅读，使学生更加深入地理解应付债券的摊余成本与利息费用的确认以及应付债券的偿还。

在案例分析的过程中重点阐述以下三点：①海航为了避免债务违约所做的各种各样的尝试。2018 年以来，海航集团通过抛售资产以"求生"。此外，海航系企业也通过减持上市公司股份、转让航空公司股权、出售飞机等举措获取资金。引导学生思考为什么公司要使用浑身解数来避免债务违约。②海航不可避免的破产重整导致的不良经济后果，详细剖析企业发生债务违约，会给公司本身、对所处行业和对整个资本市场带来什么样的负面影响。包括但不限于严重损害了债权人权益，打击了债权人的信心，对债务资本市场的健康发展造成了严重的负面影响，降低了金融市场对实体经济的支持。③结合海航破产重整案件，引导学生思考会计信息能在债权人保护中扮演什么样的角色，以及会计人员又应该怎么做。作为资本市场的"看门人"，会计从业人员的所作所为事关投资者的切身利益，如果不能为资本市场合法合规地提供服务，尽到自己作为"看门人"的义务，最终会被市场淘汰或者受到监管处罚。

（2）讲解概念——应付债券的初始确认和后续计量。债券是依照法定程序发行的、约定在一定期限内还本付息的一种有价证券。应付债券（Bonds Payable）是企业因发行债券筹措资金而形成的一种非流动负债。

债券的票面上一般都载明以下内容：①企业名称；②债券面值；③票面利率；④还本期限和还本方式；⑤利息的支付方式；⑥债券的发行日期；等等。企业发行债券通常须经董事会及股东会正式核准。若向社会公众公开发行，则须经有关证券管理机构核准。

（3）账务处理——应付债券的初始确认和后续计量。主要讲解在对应付债券的后续计量采用实际利率法的情况下，需要在债券发行时即确定所发行债券的实际利率。实际利率是使所发行债券的未来现金流量的现值等于该债券的入账金额的折现率。使用实际利率法对应付债券进行后续计量的难点在于如何按照实际利率法来确定利息费用。在讲解的过程中，结合海航集团的财务报告，详细讲解应付债券的利息费用是如何计算得出的。

（4）课堂总结——从理解到应用。总结授课内容，同时，为了掌握学生的听课效果，利用智慧化教学工具微助教进行课上习题测验。另外，为了让学生学以致用，具有应用所学知识提出问题、分析问题、解决问题的能力，布置课后作业——分析五洋债违约案件，分析其违约原因以及带来的不良影响。

25.5 特色和创新点

（1）深度挖掘、提炼课程内容相关的特色思政元素。从我国债务违约的现状出发，选取海航违约的典型案例，有机地和课本内容相结合，在激发学生兴趣的情况下，完成思政的融入。

（2）通过该章节的学习，引导学生了解债权人保护的重要性，使学生树立社会利益为先的理想信念，积极认识到应有的社会责任，做到明德于心。习近平总书记指出：青年要自觉践行社会主义核心价值观。加强道德修养，注重道德实践。"德者，本也。"蔡元培先生说过，"若无德，则虽体魄智力发达，适足助其为恶"。道德之于个人、之于社会，都具有基础性意义，做人做事第一位的是崇德修身。这就是企业的用人标准为什么是德才兼备、以德为先，因为德是首要、是方向，一个人只有明大德、守公德、严私德，其才方能用得其所。修德，既要立意高远，又要立足平实。要立志报效祖国、服务人民，这是大德，养大德者方可成大业。

25.6 效果体现

（1）掌握专业基础知识。通过案例教学，将相关理论知识和公司的财务报告结合起来进行分析，可以帮助学生更好地理解课本知识，提高了对知识的应用能力。

（2）将知识和资本市场实际情况相结合，做到会计专业知识与实务有机结合。中级财务会计知识点多、内容枯燥、学习难度大，通过将实际案例引入课堂并和课本知识点相结合，不但可以激发学生的学习兴趣，而且可以让学生学以致用，真正将课本知识应用到实践当中。

（3）使学生树立社会利益为先的理想信念。引入《海航折翼：债务违约频发，命悬深渊边缘》的案例，全面分析债务违约给公司、行业和债务资本市场带来的负面影响，从专业知识和法律法规角度介绍债权人保护的相关手段。引导学生明白会计从业人员作为资本市场的"看门人"在投资者保护上发挥着重要作用，让学生了解债权人保护的重要性，使学生树立社会利益为先的理想信念，积极认识到应有的社会责任，做到明德于心，为党和国家培养优秀的会计人才，促进我国资本市场的繁荣和发展。

26 你不追债我来追：债权人如何行使代位权破解三角债

——经济法课程思政教育教学典型案例

阳　维

26.1　课程的基本信息

26.1.1　课程简介

社会主义市场经济本质上是法治经济。法治是市场经济的基础，也是市场经济的保障，成熟的市场经济体制与健全的法制相呼应。正如习近平总书记强调，"做好改革发展稳定各项工作离不开法治，改革开放越深入越要强调法治"。实现市场在资源配置中的决定性作用，最重要的一个前提条件就是市场主体的行为受法律约束和保护。经济法是法学和管理学交叉的一门特色课程，本课程以我国经济法相关法律制度为主线，涉及调整财产支配关系的《中华人民共和国民法典》（以下简称《民法典》）之物权编、调整财产流转关系的《民法典》之合同编、调整商事组织关系的《中华人民共和国公司法》，以及调整市场竞争关系的《中华人民共和国反垄断法》与《中华人民共和国反不正当竞争法》。通过本课程的学习，使学生熟悉和掌握与企业经济活动密切相关的法律制度及其基础理论、培养运用相关理论及法律规定解决实际问题的能力，增强法治意识、规则意识，培育诚信观念，强化商业伦理。

26.1.2　课程内容

经济法课程内容如图 26-1 所示。

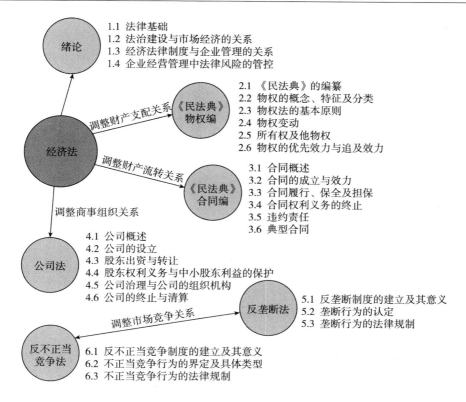

图 26-1 经济法课程内容

26.1.3 课程目标

（1）知识目标。使学生实现从"识记"到"领会"再到"应用"的进阶，即在介绍代位权相关概念的基础上，领会定义、特点、构成要件及法律后果。

（2）能力目标。使学生具备应用代位权的相关知识分析、解决实际问题的专业基础能力。

（3）思政目标。坚持完善社会主义市场经济法律制度、强化法治保障，以构建更加系统完备、更加成熟有效的高水平社会主义市场经济体制；培育和践行社会主义核心价值观（法治、诚信）；深化职业理想和职业道德。

26.1.4 授课对象

管理学本科生。

26.1.5　使用教材

张守文．经济法学（第二版）［M］．北京：高等教育出版社，2018.

26.1.6　课程课时

32 学时。

26.2　示例章节信息

26.2.1　教学章节

第三章第三节：《民法典》合同篇——合同保全之代位权。

26.2.2　教学内容

（1）案例导入。你不追债我来追：债权人如何行使代位权。
（2）知识讲授。合同相对性原则的限制；合同保全制度的引入；代位权：定义、构成要件与法律后果。
（3）课程总结。内容小结及课后作业巩固。

26.2.3　教学目标

（1）回顾合同相对性原则限制，了解合同保全制度设置的目的。
（2）掌握代位权的定义、构成要件和法律后果（重难点）。
（3）应用代位权分析实际案例，解决实际问题。
（4）推进社会主义核心价值观——法治、诚信进课堂进头脑。通过在引例中导入商业契约与法律的关系，强调法律武器在商业领域的重要意义，使学生树立主动维权、依法维权、科学维权的法治意识，提出学法、懂法、守法、用法的法治要求。

26.2.4　教学课时

30 课时。

26.3   案例介绍

你不追债我来追：债权人如何行使代位权破解三角债①

2021 年 4 月 2 日，某贸易公司卖给某房地产公司一批建材，货款共计 40 万元，约定 10 日内付款。但 10 天过去后，等贸易公司再次上门索款时，才发现这家房地产公司已入不敷出，经营状况严重恶化。该房地产公司以资金周转不灵、暂时无钱还债为由，要求贸易公司暂缓催债。事隔一个月，当贸易公司再次上门讨债时，房地产公司仍无力还债。不过，贸易公司得知，另一家商场尚欠房地产公司购房款 60 万元，且该债务已于 2021 年 4 月 15 日到期，但不知为何房地产公司一直怠于向该商场追债。于是，贸易公司便直接向该商场讨债，要求其代房地产公司偿还 40 万元货款，但商场认为其欠的是房地产公司的钱，贸易公司无权要求其还债，于是拒绝了贸易公司的代为还债要求。

2021 年 6 月 1 日贸易公司以商场为被告向法院提起了诉讼，请求判令商场代为支付货款 40 万元。法院受理此案后，经审理认为，贸易公司对房地产公司所享有的 40 万元债权已届清偿期，而房地产公司怠于行使其对商场的到期债权，其行为已对贸易公司的债权造成损害，根据《民法典》第五百三十五条的规定，贸易公司可以自己的名义代位行使房地产公司对商场的债权，故依法判决商场代为向贸易公司支付货款 40 万元。

26.4   案例使用说明

26.4.1   案例价值

专业元素：本案例主要涉及合同保全中债权人的代位权问题。根据合同的相对性原则，债权仅在合同当事人之间有其效力，合同以外的第三人不受合同的效力约

---

① 《最高人民法院公报》（2012 年第 6 期）。

束。一般情况下,债权人只需对与其存在合同关系的债务人主张其债权,但如果该债务人自身财产状况不佳而无力还债,且对自己享有的债权也不积极主张,此时债权人很难越过债务人要求次债务人履约。因为,根据合同相对性原则,债权人只能对自己的债务人主张其债权,而不能越过债务人直接追债。在此情形下,如果继续墨守合同相对性原则,无疑会对债权人的利益保障造成阻碍,尤其是在债务人与次债务人恶意串通的情形下,这种突破相对性原则的呼声尤为强烈,于是法律便创设了合同保全制度,代位权便是合同保全的两种重要方式之一。

思政元素:本课程将社会主义核心价值观——法治、诚信融入课堂教学中。通过案例介绍和内容精讲,告诫学生作为法治社会的一员,要牢固树立守法观念,加强法律知识的学习,形成法律意识和观念,引导学生学会运用法律手段处理事情,保护自身合法权益。

26.4.2 教学安排

(1) 案例导入——初识代位权。

在案例引入过程中,首先介绍案例的背景信息,其次详细介绍案例事件始末。在案例事件讲解过程中,有机融合思政元素——法治和诚信,展现债权人贸易公司在债务人房地产公司债务到期后无力还债,并且债务人还怠于向次债务人商场讨债,债权人以自己名义起诉至法院要求代位行使房地产公司对商场的到期债权的过程。在讲解的过程中,重点阐述行使代位权的前提条件,将商场作为被告是贸易公司积极使用法律武器维护自身合法权益的体现。在商业领域,当债务人怠于追要自己的到期债权而又无力还债时,通过行使代位权,债权人主动维权、依法维权可有效降低自身损失。

该案例中,首先,根据贸易公司与房地产公司的约定,房地产公司应于2018年4月12日之前付款,但一直无钱还债,其行为已构成债务履行迟延。这一情况告诫学生,按时履约是遵守诚信原则的体现。其次,房地产公司享有对商场的60万元债权,该债权已到期且非专属于房地产公司。这体现出立法者对这类特殊权利赋予特殊保护,是因为这些权利与债务人生活密切相关,出于基本利益的保护,故专门规定对这些债权不能由债权人代位行使,向学生灌输法治的真实含义,即已成立的法律获得普遍的服从,而大家所服从的法律本应该是制定得良好的法律,体现出法律的人文关怀。再次,房地产公司虽然享有对商场的到期债权,却一直未向其主张。这告诫学生在商事活动中应当以诚信为先,不要与他人恶意串通从而达到规避债务的目的。最后,由于房地产公司一直无力还债,财产状况恶化,但一直怠于行使其债权,致使无法向贸易公司偿债,其行为已对贸易公司的债权造成了损害。

综上所述，贸易公司已具备了行使代位权的所有法律要件，其代位权依法成立，有权直接向商场主张债权。该案例向学生传达了一个清晰的信号，当遇到债务人怠于行使到期债权而损害到自身合法权益时，应当积极运用法律武器、科学维权，保障自身的合法权益。由此衍生出一系列问题：什么是代位权？它与合同相对性原则的关联性是什么？代位权的构成要件是什么？行使代位权后会产生什么样的后果？

（2）知识讲授——代位权的前因后果。

1）合同相对性原则的限制。

所谓合同的相对性，是指合同关系只能发生在特定的合同当事人之间，只有合同当事人一方能够向另一方基于合同提出请求或提起诉讼，与合同当事人没有发生合同上权利义务关系的第三人不能依据合同向合同当事人提出请求或提起诉讼，也不应承担合同的义务或责任。同时，非依法律或合同规定，第三人不能主张合同上的权利。

很显然，在上述案例中，根据合同相对性原则，债权人只能对自己的债务人主张其债权，而不能越过债务人而直接向债务人的债务人追债。如果继续遵循合同相对性原则，无疑会对债权人的利益保障造成严重阻碍，尤其是在债务人与次债务人恶意串通的情形下。因此，就必须引入合同保全制度，其中代位权便是合同保全的两种重要方式之一。

2）合同保全制度的引入。

为了保护债权人的合法权益，设计了三种保障制度（见图 26-2）：一是合同担保制度，如保证、抵押、质押和定金等；二是违约责任制度，即当债务人不履行债务或履行债务不适当时，债权人有权要求其承担相应的法律责任；三是合同保全制度，即通过对债权人赋予代位权和撤销权，达到债权实现的目的。其中，合同的担保是一种事先的保障制度，违约责任是一种事后的救济措施。而合同的保全处于二者之间，既弥补了担保制度设定程序较为复杂的缺陷，又解决了违约责任制度保障力度低弱的不足，对债权的顺利实现形成完整的保障体系。

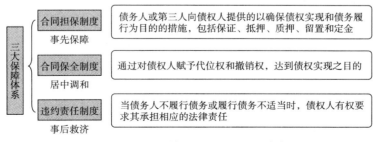

图 26-2　民法保护债权人的三大保障体系

合同保全的目的是防止债务人财产发生不当减少而给债权人的债权实现带来危害，允许债权人对债务人或第三人的行为行使一定的权利，以保护其债权。它是债的对外效力的体现，发生在合同有效期间，其基本方法是通过代位权和撤销权来实现的，可使债权人对第三人产生效力，为缓解当前存在的较严重的"三角债""讨债难"等社会现象提供法律依据，有利于充分保障债权人合法权益的实现。

3）代位权：定义、构成要件与法律后果。

《民法典》五百三十五条规定："因债务人怠于行使其债权或者与该债权有关的从权利，影响债权人的到期债权实现的，债权人可以向人民法院请求以自己的名义代位行使债务人对相对人的权利，但是该权利专属于债务人自身的除外。"这里明确提出了代位权的概念，即代位权是指当债务人怠于行使其对第三人享有的到期债权而损害债权人的利益时，债权人为保全自己的债权，可以自己的名义代位行使债权人对第三人权利的权利（见图26-3）。

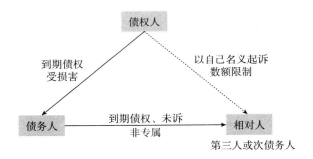

图26-3　代位权的法律关系

代位权作为一种债的保全措施，具有以下特点：①代位权是一种法定权能，不管合同当事人是否有约定，债权人都享有这种权利。代位权作为债权的固有权能，随债权的产生而产生，转移而转移，消灭而消灭。②代位权体现了债权的对外效力，即债权人的债权在直接对债务人的财产权发生效力的同时，也可以与债务人发生债务的第三人。换句话说，债权人可以代替债务人向债务人的债务人主张权利。③代位权是债权人以自己的名义向债务人的债务人行使，这表明代位权有别于代理权，债权人行使代位权，旨在保护自己的债权，而不是为了债务人的利益。

代位权的构成要件：①债务人享有对第三人的债权。债务人对于第三人的权利，为债权人代位权的标的。若债务人享有的权利与第三人无关，便不得成为债权人代位权的行使对象。②债务人怠于行使其到期债权。所谓怠于行使，是指债务人应该行使而不行使其权利。此外，债务人对第三人所享有的债权已到期，此时该债权才能成为债权人行使代位权的对象。③对债权人造成损害。为防止代位权制度对债务人事务的过分干扰，法律规定只有在债务人怠于行使其债权将对债权人的债权构成损害的前提下，债权人才能行使其代位权。如果不对其债权构成损害的话，则无行使代位权的必要。④债务人的债权不是专属于债务人自身的债权。专属于债务人本身的权利，例如，基于扶养关系、抚养关系、赡养关系、继承关系产生的给付请求权和劳动报酬、退休金、养老金、抚恤金、安置费、人寿保险、人身伤害赔偿请求权等权利，均不得由债权人代位行使。这体现出立法者对这类特殊权利赋予特殊保护，是因为这些权利与债务人生活密切相关，出于基本利益的保护，故专门规定对这些债权不能由债权人代位行使。

上述案例还涉及最后一个重要问题，即债权人的代位权行使后的法律后果。《民法典》第五百三十七条规定："人民法院认定代位权成立的，由债务人的相对人向债权人履行义务，债权人接受履行后，债权人与债务人、债务人与相对人之间相应的权利义务终止。"因此，债权人向次债务人提起的代位权诉讼，经人民法院审理后认定代位权成立的，由次债务人向债权人履行清偿义务，债权人与债务人、债务人与次债务人之间相应的债权债务关系即予消灭。在本案中，贸易公司通过代位权的行使，便可直接要求商场代房地产公司向其偿还 40 万元的货款（而不是 60 万元的货款）。贸易公司与房地产公司之间的 40 万元债权债务关系即予消灭，但房地产公司与商场的 60 万元债权债务关系仅消灭 40 万元，剩余 20 万元债权债务关系仍然存在。

（3）课堂总结——应用代位权维护合法权益。

总结本次课所讲授的代位权内容。此外，为了让学生巩固所学知识，具备应用所学知识分析问题、解决问题的能力，课后布置选择题与案例分析，利用所学知识指出其存在的问题，并给出改进建议。

26.5 特色和创新点

（1）经济法课程的内容涵盖多部法律，这些法律本身就体现出法治的精髓和理念，因此思政元素在普法、用法的过程中得以彰显。法是由国家制定或认可，体现统治阶级意志，以权利义务为内容，由国家强制力保证实施的行为规范体系。经济法课程的讲授本身就体现党与人民的集体意志，是传达法治观念、塑造法律意识的良好途径。平等原则、诚信原则、绿色原则、公序良俗原则等已被完美融入到经济法律体系的各个法条中，因此不需要生搬硬套就能将思政元素融入课程内容，起到自然引导的作用。

（2）本教学安排遵循"案例导入—知识讲授（合同相对性原则的限制、合同保全制度的引入、代位权：定义、构成要件与法律后果）—内容小结及课后作业巩固"的思路，结合"社会主义核心观——法治、诚信"思政元素，寓价值观引导于知识传授和能力培养之中。本课程内容的学习，首先通过《你不追债我来追：债权人如何行使代位权》的导入案例，让学生对代位权的概念产生初步印象，其次在回顾合同相对性原则限制的基础上，自然引出合同保全制度，其中代位权是合同保全的两种重要方式之一。在此基础上，进一步详细阐述代位权的定义、构成要件与法律后果等，并结合前述案例将法治和诚信的思政内容有机融入，达到自然引导的作用。

26.6　效果体现

（1）掌握专业基础知识。识记代位权的构成要件及法律后果。代位权是指当债务人怠于行使其对第三人享有的到期债权而损害债权人的利益时，债权人为保全自己的债权，可以自己的名义代位行使债权人对第三人权利的权利。其构成要件有四个：债务人享有对第三人的债权、债务人怠于行使其到期债权、对债权人造成损害、债务人的债权不是专属于债务人自身的债权。其后果体现在，债权人向次债务人提起的代位权诉讼如果成立，由次债务人向债权人履行清偿义务，债权人与债务人、债务人与次债务人之间相应的债权债务关系即予消灭。

（2）具备实务工作能力。能够判断什么情况下满足代位权的实施条件，能够运用所学知识突破合同相对性的限制，帮助企业积极运用法律武器科学维权，保障自身的合法权益。

（3）树立法治意识和诚信观念。通过在引例《你不追债我来追：债权人如何行使代位权》中"贸易公司以自己的名义代位行使房地产公司对商场的债权"，强调法律武器在商业领域的重要意义，引导学生树立主动维权、依法维权的法治意识；同时，该案例中债务人房地产公司怠于主张自己的到期债权，次债务人商场也不履行到期债务，给债权人贸易公司的合法权益造成损害，告诫学生在商务活动中应当以诚信为先，不要与他人恶意串通来达到规避债务的目的。通过案例生动有趣的讲解，向学生讲授法治的真实含义，树立诚信观念。

27 科学维权：从不相容职务视角看腾讯与老干妈的合同纠纷

——企业内部控制课程思政教育教学典型案例

黄　坤

27.1　课程的基本信息

27.1.1　课程简介

"经济越发展，会计越重要"，伴随着经济的发展、大智移云物区环等新技术的运用，现代企业对会计人员的素质要求越来越高，会计由核算型向管理型的转变已成为必然趋势。企业内部控制是现代管理学、会计学和审计学交叉的一门综合学科，属于管理学的一门特色课程。本课程以介绍我国《企业内部控制基本规范》及其配套指引为主线，围绕内部控制发展、内部控制原理、内部控制五要素三大核心内容，系统讲授内部控制的基本概念、基本理论、基本程序与基本方法，侧重培养在内部控制方面"知其然"且"知其所以然"的理论知识扎实、实务能力过硬的高素质人才。

27.1.2　课程内容

企业内部控制课程内容如图 27-1 所示。

27.1.3　课程目标

（1）知识目标。使学生实现从"识记"到"领会"再到"应用"的进阶，即在识记内部控制相关概念、知识点的基础上，领会相关概念、原理、方法的区别与联系。

（2）能力目标。使学生具备应用基本概念、基本理论、基本方法提出、分析、解决实际问题的专业基础能力、系统思维能力以及专业实践能力。

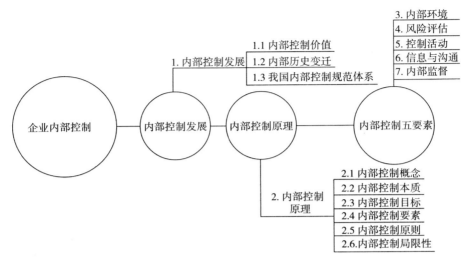

图 27-1　企业内部控制课程内容

（3）思政目标。坚持习近平新时代中国特色社会主义思想铸魂育人、贯彻党的教育方针、落实立德树人根本任务，推进"四个自信"进课堂进头脑；培育和践行社会主义核心价值观；深化职业理想和职业道德。

27.1.4　授课对象

会计专业大三本科生，财务金融、财政、工商专业大二本科生。

27.1.5　使用教材

池国华，樊子君．内部控制学（第三版）[M]．北京：北京大学出版社，2017.

27.1.6　课程课时

32 学时。

27.2　示例章节信息

27.2.1　教学章节

第五章第二节：控制活动——不相容职务分离控制。

27.2.2　教学内容

（1）案例导入。科学维权：从不相容职务视角看通讯与老干妈的合同纠纷。

（2）知识讲授。不相容职务的定义；不相容职务分离控制的定义；不相容职务分离控制的内容。

（3）课堂总结。本节内容小结与课后任务布置。

27.2.3　教学目标

（1）识记不相容职务的基本含义与不相容职务分离的主要目的。

（2）领会不相容职务分离控制的基本要求和操作要点（重难点）。

（3）应用不相容职务分离控制分析实际案例，解决实际问题。

（4）推进社会主义核心价值观——法治进课堂进头脑，通过在引例中导入商业契约与法律的关系，强调法律武器在商业领域的重要意义，树立学生主动维权、依法维权、科学维权的法治意识，提出学法、懂法、守法、用法的法治要求。

27.2.4　教学课时

1学时。

27.3　案例介绍

科学维权：从不相容职务视角看腾讯与老干妈的合同纠纷

2019年3月，腾讯与老干妈公司签订了一份《联合市场推广合作协议》，腾讯投放资源用于老干妈油辣椒系列的推广。合同履行过程中，腾讯在《QQ飞车》游戏中，设计推出老干妈头像框、定制服装等，也在直播中出现老干妈辣椒酱的镜头，完成了自己的推广义务。但是，老干妈方却没有按照合同的约定支付相应的推广费用。2020年4月，腾讯以拖欠广告费为名，起诉老干妈。广东省深圳市南山区人民法院发布民事裁定书，同意原告腾讯请求查封、冻结老干妈名下价值16240600元的财产。在商业领域，主动维权、依法维权是降低自身损失的有效手段，这是腾讯使用法律武器维护自身权益的体现。因为合同的履约不仅是道德问题，更是法律问题。约即约定，就是合同，合同就是法律，只是当事人之间的法律。法律与合同密切相关，其内容都是权利和义务，权利可以放弃，义务必须履行，不履行合同义务是违约。然而，2020年6月30日，老干妈发布公告称，从未直接或者授权委托他人与腾讯公司达成市场推广合作，为维护自身合法权益，已报案处理。2020年7月1日，贵阳警方发布通告，有3人伪造老干妈公司印章、冒充市场部经理，与腾讯公司签订合作协议，其目的是为了获得游戏推广活动中的游戏礼包码，并倒卖以获取经济利益。从上述案件的后续进展来看，腾讯虽然在主动维权、依法维权，但是没有做到科学维权，被骗1642万元后还遭全网嘲笑。同时，冒充老干妈市场营销部门的3人也受到了相应的法律惩罚。

27.4 案例使用说明

27.4.1 案例价值

（1）专业元素。不相容职务和不相容职务分离控制，通过引导学生从不相容职务这一专业视角对案例进行分析，对于企业的任何一笔业务，最忌讳的都是一个部门从头到尾全权负责，该做法很容易给企业造成负面影响，发生类似腾讯公司的后果，应当实施不相容职务相分离的控制措施。

（2）思政元素。社会主义核心价值观——法治，通过上述案例告诫学生作为新时代的中国公民，需要做到"学法懂法始于心，守法用法践于行"，从而为全面推进"依法治国"注入澎湃动力。

27.4.2 教学安排

（1）案例导入——初识不相容职务分离控制。

在案例导入过程中，首先生动引出案例的主角、介绍案例梗概。其次详细介绍案例事件始末，在案例事件讲解过程中，有机融合思政元素——法治，展现腾讯公司在完成对老干妈的推广义务后因一直没收到老干妈支付的广告费选择起诉老干妈的过程。在讲解过程中，重点阐述合同与法律的关系，起诉老干妈是腾讯使用法律武器维护自身权益的体现。在商业领域，主动维权、依法维权可以有效降低自身损失。虽然案例事件的后续进展表明，并不是老干妈拖欠腾讯公司的广告费，而是有三人伪造老干妈公司印章、冒充市场部经理，与腾讯公司签订了合同。这说明，腾讯虽然在主动维权、依法维权，但是没有做到科学维权，最终被全网嘲笑。同时，也会告诫学生，冒充老干妈市场营销部门的三人受到了相应的法律惩罚。法网恢恢，疏而不漏，违法行为必然会受到法律的制裁，从而树立同学们"学法、懂法、守法、用法"的法治意识。不懂的人看热闹，懂的人看门道。最后引导学生从不相容职务这一专业视角对该案例进行分析。为了达到这一目的，首先为学生展现合同签订的全过程（见图27-2）。其次重点分析腾讯为什么会闹了如此大的笑话？在腾讯起诉老干妈之前，可以将该合同业务分为合同谈判、合同审核、合同签约、会计记录、合同执行、合同催款、监督七大环节，概括为授权、审批、执行、记录、监督五大块（见图27-3）。腾讯之所以闹了笑话，可能的原因在于上述五大块业务均由一个部门负责。实际上，对于企业的任何一笔业务，最忌讳的都是一个部门从头到尾全权负责，该做法很容易给企业带来负面影响，发生类似腾讯公司的后果。为了防止一个部门从头到尾负责一笔业务，应该实施不相容职务相分离的控制措施。那么，什么是不相容职务？为什么不相容职务需要相分离？核心要求是什么？

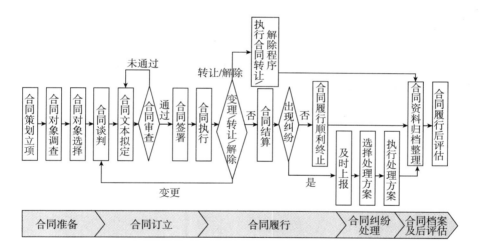

图 27-2　合同签订的全过程

（2）讲解概念——识记不相容职务分离控制。

不相容职务是指某些如果由一名员工担任，既可以弄虚作假又能够自己掩饰作弊行为的职务。《企业内部控制基本规范》第四章第二十九条规定，不相容职务分离控制要求企业全面系统地分析、梳理业务流程中所涉及的不相容职务，实施相应的分离措施，形成各司其职、各负其责、相互制约的工作机制。

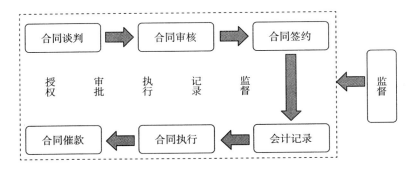

图27-3 腾讯和老干妈合同纠纷前相关业务环节

（3）阐述本质——领会不相容职务分离控制。

不相容职务分离控制主要是借助不相容职务相分离的措施安排，达到内部牵制的目的，从而预防和及时发现在执行分配职责过程中所产生的错误或舞弊行为。不相容职务分离控制贯穿于企业经营管理活动的始终，是企业防范风险的重要手段之一。根据企业的经营管理特点和一般业务性质，需要分离的不相容职务主要有以下六种：可行性研究与决策审批相分离、决策审批与业务执行相分离、业务执行与审核监督相分离、会计记录与财产保管相分离、业务执行与财产保管相分离、业务执行与会计记录相分离（见图27-4）。简而言之，钱、账、物三分管，一项业务从开始到结束不包办。联系腾讯和老干妈合同纠纷的案例，再次强调不相容职务分离控制如果做得好，五个部门面对一个假客户，是很容易识别出来的，腾讯状告老干妈的乌龙事件也就不会发生。

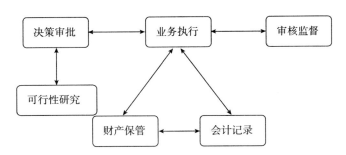

图27-4 不相容职务分离控制图解

（4）课堂总结——应用不相容职务分离控制。

总结本次课所讲授课堂内容。同时，为了让学生学以致用，具有应用所学知识提出问题、分析问题、解决问题的能力，布置课后作业——阅读《璀璨星光转瞬即逝》的案例，利用所学知识指出其存在的问题，并给出改进建议。

27.5 特色和创新点

（1）不为思政而思政，深度挖掘、提炼课程内容密切相关的特色思政元素，实现思政教育隐性化以及专业课程的广度、深度和温度。在本科生专业课程课时不断压缩的背景下，充分协调专业课程教学中思政教育的体量安排、切入时机、切入方式、教学活动组织等方面的关系，是做好课程思政教育的关键。本章节将课程案例《科学维权：从不相容职务视角看腾讯与老干妈的合同纠纷》作为导入案例，深入挖掘案例中蕴含的思政元素，利用该方法不仅实现思政教育内容的隐性化，同时也拓展了专业课程的广度、深度和温度。

（2）本课程的教学安排遵循"初识不相容职务相分离控制—识记不相容职务相分离控制—领会不相容职务相分离控制—应用不相容职务相分离控制"的思路，结合"社会主义核心观之———法治"思政元素，寓价值观引导于知识传授和能力培养中。本课程内容的学习，首先通过导入案例，让学生对不相容职务分离产生初步印象；其次在识记不相容职务以及不相容职务分离控制基本概念的基础上，领会不相容职务分离控制的本质、基本要求和操作要点，应用所学不相容职务分离控制这一知识提出、分析、解决实际问题，完成"识记"到"领会"再到"应用"的进阶；最后通过专业知识与思政内容的有机融合，最终达到育人育才、润物细无声的目的。

27.6 效果体现

（1）掌握专业基础知识。识记不相容职务以及不相容职务分离控制内涵，前者是指某些如果由一名员工担任，既可以弄虚作假又能够自己掩饰作弊行为的职务；后者要求企业全面系统地分析、梳理业务流程中所涉及的不相容职务，实施相应的分离措施，形成各司其职、各负其责、相互制约的工作机制。

（2）具备实务工作能力。能够识别和分析企业具体业务流程中所涉及的六种不相容职务，并且能够运用所学知识对其进行相应的分离措施，从而帮助企业优化工作机制、防范潜在风险。

（3）树立法治意识。通过在引例中"腾讯公司起诉老干妈"导入商业契约与法律的关系，强调法律武器在商业领域的重要意义，使学生树立主动维权、依法维权的法治意识；同时，通过该案例事件的反转"腾讯成为全网嘲笑"，告诫学生科学维权的重要性。另外，通过冒充老干妈市场营销部门的三人受到法律的制裁，警示学生法网恢恢，疏而不漏，违法行为必然会受到法律的制裁。通过案例生动有趣的讲解、思政元素与专业知识的有机融合，使学生树立主动维权、依法维权、科学维权的法治意识，提出学法、懂法、守法、用法的法治要求。

28 强化风险控制意识：
从蒙牛融资绝处逢生说起

——财务金融实验课程思政教育教学典型案例

甘　煦

28.1　课程的基本信息

28.1.1　课程简介

　　财务金融的理论方法往往是建立在一系列抽象的假设之上，学起来容易感到枯燥，甚至有所谓"脱离实际"之嫌。而案例教学则可以为学生提供一些实际发生的事件作为参考，使他们了解在现实中问题是怎样发生的，人们又是怎样解决这些问题的，从而帮助学生积累一些实际问题的解决方案，以便日后借鉴与应用。财务金融实验课程正是为了配合高校财务金融专业培养高素质、具有开拓创新精神的高端财务金融人才的需要，通过案例教学，让学生深入挖掘不同公司财务金融案例背后的动因和结果，提高学生的理论联系实际能力。

28.1.2　课程内容

　　财务金融实验课程内容如图 28-1 所示。

28.1.3　课程目标

　　（1）知识目标。通过本门课程的学习，旨在帮助学生真正理解和掌握财务金融的基本理论与方法，通过案例教学的教学手段巩固学生们对知识点的理解与掌握，夯实理论基础。例如，在课程结束后，学生们对公司财务、公司治理的相关知识点会有更深刻的认识与体会，能够将理论与实践相结合，在现实生活中发现知识点的应用，而不仅仅局限于课本上的表述。

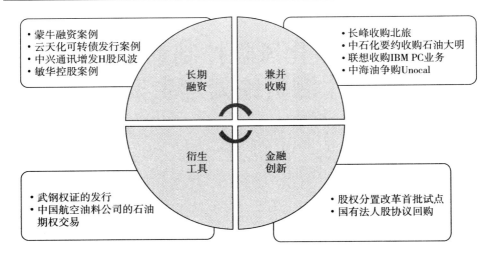

图 28-1　财务金融实验课程内容

（2）能力目标。通过本门课程的学习，旨在帮助学生运用所学到的财务金融理论和方法分析并解决实际问题，更深刻地理解金融学。本课程涵盖的案例均为中国市场的实际案例，涉及公司财务、公司治理、衍生工具以及金融创新等领域。它们不仅反映了我国资本市场近年来的一些重要实践和创新，而且深刻体现了我国资本市场的特殊性。这些案例不但有助于学生更好地学习金融学的相关理论与方法及其在中国的实际运用，也有助于学生了解金融市场的历史发展和现实状况，理解中国金融市场上曾经出现过的一些特殊的问题与现象，并运用金融学理论与方法来对其进行分析和解释。

28.1.4　授课对象

财务管理专业本科生。

28.1.5　使用教材

唐国正，刘力．金融学案例（第二版）［M］．北京：北京大学出版社，2013.

28.1.6　课程课时

32 学时。

28.2 示例章节信息

28.2.1 教学章节

第一章：案例3：蒙牛融资。

28.2.2 教学内容

（1）案例导入。蒙牛公司的创业历程与牛根生的创业故事。

（2）知识讲授。天使投资、创业投资（风险投资）、第一轮融资时双方商定的蒙牛的估值、第一轮及后续融资时蒙牛价值提升的原因、"对赌"条款分析与讨论、融资的成本、创投基金的收益源于"资本运作"吗？蒙牛案例的启示。

（3）课堂总结。本节内容小结与课后任务布置。

28.2.3 教学目标

（1）学习创业投资（VC）的基本概念（重要知识点）。

（2）学习决定公司价值的基本原理（重难点）。

（3）学习所谓"对赌"条款在创业投资中的作用。

（4）理解如何在创业投资中考虑投资方与受资方的利益。

（5）应用蒙牛融资案例中学习到的企业融资手段，分析实际问题。

（6）引导学生树立正向、创新的金融思想与理念，采用科学性的方法观察和探讨金融问题，提升学生运用金融理论处理金融现实问题的综合能力，力争培养具有良好的职业操守和职业素养的金融人才。

28.2.4 教学课时

2课时。

28.3 案例介绍

强化风险控制意识：从蒙牛融资绝处逢生说起

1999 年初，牛根生等创立蒙牛乳业股份有限公司。2002 年，作为企业创始人的牛根生的心情喜忧参半。一方面，他喜于蒙牛经受住了创始初期的种种挑战与困难，企业经营已初具规模：1999~2002 年，公司的总资产由初始的 1000 多万元飞速增长至 10 亿元；年销售额也从初期的 4365 万元增长到了 2002 年的 20 亿元以上；在出色的经营业绩下，蒙牛也在全国乳制品企业排名中从 119 位跃升到第 4 位。① 另一方面，牛根生清楚地知道现有的出色业绩还远远不够，已驶入发展快车道的蒙牛对资金十分渴求，资本的注入对其进一步成长起到了至关重要的作用。当前蒙牛确实是小有成就、表现出良好的成长势头；然而，一旦生产资金短缺，蒙牛就会面临失去崛起良机的局面。

正在蒙牛对资金投入遍寻无门、民间融资屡屡受挫的时候，摩根士丹利与鼎晖投资找到了蒙牛，并要求与牛根生的团队见面。在双方面谈后，摩根士丹利等机构劝说牛根生团队放弃正在筹划的香港二板市场上市计划，并建议他们引入风险投资机构融资，此举可以利用风险资本的优势帮助蒙牛进一步成长与规范，待企业发展到一定程度再选择最佳时机帮助其在香港主板上市。

摩根士丹利这一国际顶级投行的出现，使蒙牛以及牛根生团队看到了希望，同时也为他们指明了一条不同于同类企业的发展之路。摩根士丹利不仅给蒙牛带来了现金和希望，而且让他们看到了国际资本力量的专业精神。"他们在投资我们之前已经把我们研究了个底儿掉，而事先我们根本就不知道，他们光资料就积累了这么一沓子！"蒙牛副总裁孙先红之后和外界透露，"他们还请了可口可乐的专家给我们做快速消费品的营销战略策划与培训。"

此后蒙牛两次引入风险投资，从而得以继续高速发展，并于 2004 年中期登陆香港交易所主板市场。风险投资的及时进入一方面为公司发展提供了宝贵的资金，另一方面也给蒙牛创业者们带来了约束和激励机制。面对风险资本的两次对赌协议，蒙牛管理层勇敢地接受了挑战。在蒙牛创业者们看似一马平川的成功道

---

① 《蒙牛何以选择摩根》。

路上，其实险象环生、荆棘遍地。

28.4 案例使用说明

28.4.1 案例价值

（1）专业元素。风险投资和对赌协议，通过对蒙牛融资案例的分析，在课堂上探讨风险投资、对赌协议、可转化债券等理论在企业融资中的应用，特别是企业引进风险投资的股权安排、价值谈判以及相关协议安排等内容，使学生能够对企业引入风险投资过程中的常见问题进行更为深刻的认识与理解，包括融资过程中企业发起人与风险资本的合作与博弈、企业引入风险资本的"得"与"失"等，从而提升学生对企业利用风险资本融资的理论认识与实践感知，激发学生思考的积极性。

（2）思政元素。①本课程立足于我国特色的金融案例，有助于学生更加深刻地认识我国资本市场的发展现状，了解我国国情；②通过蒙牛融资的案例，深入理解习近平总书记在主持中共中央政治局以完善金融服务、防范金融风险为主题的集体学习上提出的构建"全方位、多层次金融支持服务体系"的重要性；③通过学习对赌协议在风险投资中的作用，深入理解风险的含义，强化风险控制意识；④引导学生树立正向、创新的金融思想与理念，采用科学性的方法观察和探讨金融问题，提升学生运用金融理论处理金融现实问题的综合能力，力争培养具有良好的职业操守和职业素养的金融人才。

28.4.2 教学安排

（1）案例导入——了解案例背景。

在案例导入过程中，首先生动引出案例的主角、介绍案例梗概。其次详细介绍案例事件始末，在案例事件讲解过程中，有机融合思政元素——我国资本市场的发展现状，帮助学生理解 2002 年我国资本市场的现状以及当时的企业融资环境。在讲解过程中，重点阐述蒙牛在急需资金扩张时却屡屡融资受阻的原因，以此铺垫风险投资在蒙牛出现的背景。根据当时的法律要求，蒙牛由于注册资本太小，短期内无法上市；然而，就算蒙牛增加注册资本，也不能改变公司主要股东结构。与此同时，牛根生的高管团队也寻求了与民间融资合作，但在控制权上始终无法达成一致，导致民间融资受挫。就在这时，创业投资（风投）的出现让蒙牛绝处逢生。这也印证了构建"全方位、多层次金融支持服务体系"的重要性。正如习近平总书记所强调的，"要建设一个规范、透明、开放、有活力、有韧性的资本市场，完善资本市场基础性制度，把好市场入口和市场出口两道关，加强对交易的全程监管。要围绕建设现代化经济的产业体系、市场体系、区域发展体系、绿色发展体系等提供精准金融服务，构建风险投资、银行信贷、债券市场、股票市场等全方位、多层次金融支持服务体系。要适应发展更多依靠创新、创造、创意的大趋势，推动金融服务结构和质量来一个转变"。最后引导学生讨论：蒙牛为什么能吸引风险投资机构？什么样的民营企业能吸引风险资本？

（2）讲解概念——理解风险投资的内涵。

风险投资（Venture Capital）也称创业投资，是指对高风险企业（项目）的权益投资，其运作包括融资、投资、管理、退出四个阶段。在融资阶段，需要解决"钱从哪儿来"的问题，提供风险资本来源的包括养老基金、保险公司、大公司、大学捐赠基金、富有的个人及家族等。在投资阶段，解决"钱往哪儿去"的问题。通过初步筛选、尽职调查、估值、谈判、条款设计、投资机构安排等一系列程序，把风险资本投向那些具有巨大增长潜力的企业。在管理阶段，解决"价值增值"的问题。风险投资机构通过对被投资企业的监管和服务实现价值增值。在退出阶段，解决"收益如何实现"的问题。IPO、股权转让和清算三种方式是主要的退出并实现投资收益的手段。退出完成后，投资收益分配给提供风险资本的投资者。

（3）阐述本质——分析企业引入风险投资的利弊。

从本质上看，风险投资是一种权益资本，风险投资家既是投资者又是经营者；从对待风险态度上，风险投资却偏好高风险项目，追逐高风险后隐藏的高收益，意在管理风险，驾驭风险；从被投资对象选择上，风险投资放眼未来的收益和高成长性，考核的是被投资企业的管理队伍是否具有管理水平和创业精神，考核的是未来市场。在蒙牛融资的案例中，风险投资完善了蒙牛的治理结构和管理结构。与我国多数民营企业一样，蒙牛在发展初期存在股权结构单一（见图28-2）、公司治理结构和管理结构不太完善等问题。在引入风险投资以后，改变了蒙牛单一的股权结构。风险资本的进入，由于具有绝对的投票权和表决权，他们也帮助蒙牛完善公司治理结构和管理结构（见图28-3），全面提升蒙牛的决策效率和管理效率，进而提升了蒙牛的市场地位和竞争力，为蒙牛最终完成上市提供了极具说服力的动力。

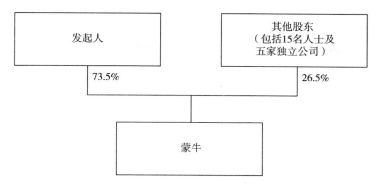

图 28-2 第一轮融资前蒙牛的股权结构

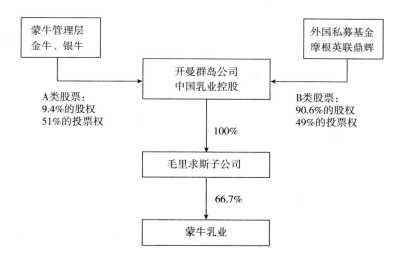

图 28-3 第一轮融资后蒙牛的股权结构

（4）课堂总结——探讨风险投资在企业融资中的应用。

总结本堂课所授内容。同时，为了让学生学以致用，具有应用所学知识提出问题、分析问题、解决问题的能力，布置课后作业——以报告形式对其他企业融资，特别是与风险投资机构合作博弈案例进行分析。

28.5 特色和创新点

（1）在讲解我国特色的财务金融案例基础上，以润物细无声的方式将课程思政融入教学过程，把价值认同与专业实践相结合，在有限的学时内实现专业学习与思政教育的同步推进。在蒙牛融资案例的教授过程中，可以帮助学生深入理解中国金融市场的发展，增强学生对中国特色社会主义理论，尤其是习近平新时代中国特色社会主义经济思想学习的自觉性与主动性，帮助学生在未来成长为真正立足中国本土的财务金融人才。

（2）本教学强调实践性，通过案例教学，注重培养学生对实际经济金融问题的分析能力，并将思政元素自然融入教学中，实现思想政治教育与知识体系教育的有机结合。案例教学历来在金融学、管理学的教学中扮演着重要的角色。金融学的理论与方法往往是建立在一系列抽象的假设之上，学起来容易感到枯燥。而案例教学可以帮助学生了解现实中问题是怎样发生的、如何解决的，有助于积累一些实际问题的解决方案，以便日后的借鉴与应用。本教学通过多样化的案例教学手段，不但可以帮助学生更好地学习金融学的相关理论与方法及其在中国的实际运用，了解金融市场的历史发展和现实状况；还将社会主义核心价值观、家国情怀、国际视野、社会责任感、科学精神等育人元素有效地传递给学生，实现了知识传授和价值引领有机统一。

28.6 效果体现

（1）掌握专业基础知识。通过蒙牛融资案例，掌握风险投资的概念与内涵；理解在引入风险资本过程中，蒙牛与风险资本的双方考虑；熟悉风险投资股权投资运作程序，特别是风险投资中的对赌协议和可转债条款；理解蒙牛权益融资的设计运作，并能够进行股权结构分析；通过蒙牛案例分析国内外风险资本对我国（民营）企业发展的影响。

（2）具备实务工作能力。能够掌握风险投资、对赌协议、可转化债券等理论在企业融资中的应用，特别是企业引进风险投资的股权安排、价值谈判以及相关协议安排等内容。能够运用所学知识对公司融资案例与实务进行分析，从而帮助企业选择合适的融资渠道，降低融资成本。提升学生运用金融理论处理金融现实问题的综合能力，培养具有良好的专业精神和职业素养的财务金融人才。

（3）培养立足中国本土的金融业人才。通过蒙牛融资案例，结合当时我国的资本市场状况以及企业融资环境，引导学生分析蒙牛最终选择风险投资进行融资的原因。在教学过程中，带领学生了解我国国情，深入理解习近平总书记在中共中央政治局以完善金融服务、防范金融风险为主题的集体学习上提出的构建"全方位、多层次金融支持服务体系"的重要性。更好地帮助学生深入理解金融结构变迁的"中国模式"，增强学生对中国特色社会主义理论，尤其是习近平新时代中国特色社会主义经济思想学习的自觉性和主动性。

29　绿水青山就是金山银山：
囚徒困境下的公地悲剧

——博弈论课程思政教育教学典型案例

石冠群

29.1　课程的基本信息

29.1.1　课程简介

博弈论又称为对策论（Game Theory）、赛局理论等，既是现代数学的一个新分支，也是运筹学的一个重要学科。博弈论是经济学的标准分析工具之一，着重研究个体之间的社会互动。这种社会互动指的是个体不是分离和孤立的，而是相互依存、彼此影响，行动者在决策和行动时需要考虑到他人的可能反应，并做出有针对性的回应。博弈论提供了一种对社会互动进行严格分析的思维方式，在经济学课程建设中占有重要地位。

本课程通过对知识点的学习和对案例的分析和拓展，学会以博弈论的基本原理和方法分析经济、管理、社会等领域的博弈问题，提高学生的专业素质和综合能力，使学生认识到现实博弈过程中不合作的根源，培养学生在生活中、学习中以及未来工作中合作的潜意识和有效方法。

29.1.2　课程内容

博弈论分为合作博弈与非合作博弈，本课程将主要介绍非合作博弈部分，非合作博弈按信息是否完全可分为完全信息博弈和不完全信息博弈，按行为次序是否存在先后分为静态博弈和动态博弈。本课程将介绍四种基本的博弈模型，分别为完全信息静态博弈、完全信息动态博弈、不完全信息静态博弈和不完全信息动态博弈，学习这些博弈模型将有助于我们理解现实经济现象。

29.1.3　课程目标

（1）知识目标。使学生掌握博弈论的基本思想和分析方法，了解多主体决策系统中的决策规律与特点，掌握基本博弈模型和均衡概念。

（2）能力目标。使学生能应用多主体决策的理论与分析方法研究经济理论，金融和管理实践中的问题；为管理专业的后续学习奠定基础，为解决实际应用问题提供应用方法和分析工具。

（3）思政目标。"浸润式"地把价值观培育和塑造融入课程教学；从博弈的角度阐述人们为什么有不合作行为，理解什么样的制度和文化有助于促进人与人之间的合作；从科学的角度解读国家大政方针，提升学生理性解读中国当前政策的意识和能力。

29.1.4　授课对象

本科生。

29.1.5　使用教材

Prajitk K. Dutta. Strategies and Game：Theory and Practice ［M］. Cambridge：MIT Press，2005.

29.1.6　课程课时

32 学时。

29.2　示例章节信息

29.2.1　教学章节

第二章第一节：囚徒困境与纳什均衡。

29.2.2　教学内容

（1）引导案例：基于囚徒困境视角分析低碳经济下的各国合作问题。

（2）知识讲授：完全信息静态博弈的分析方法、囚徒困境、纳什均衡。

29.2.3 教学目标

（1）理解囚徒困境模型。
（2）寻找囚徒困境的纳什均衡。
（3）应用纳什均衡知识分析实际案例，解决实际问题。
（4）引导学生树立正确的人生观、价值观、学习观和择业观。

29.2.4 教学课时

1 学时。

29.3 案例介绍

基于囚徒困境视角分析低碳经济下的各国合作问题

近年来，全球气候变暖、极端气候事件频发、冰川融化、海平面上升等问题层出不穷，使气候成为各个国家越来越关注的重点问题。从《京都议定书》到《哥本哈根协定》再到《巴黎协定》，目前各国已经达成了采取措施减缓全球气候变暖的共识。现今，碳减排措施做得较好的是欧盟，欧盟率先建立了碳排放交易市场，明晰地界定了碳排放的产权。随后美国也建立了碳排放交易所，如芝加哥气候交易所（CCX）还创立了区域温室气体行动（RGGI）以及西部气候倡议（WCI）。此外，国际上还存在着不同类型的"气候俱乐部"，如碳市场俱乐部、气候政策俱乐部等。气候俱乐部的存在使气候政策的区域治理变为可能，也使多边区域进一步合作变为可能。党的十九大报告确立了我国要坚持绿色低碳经济发展道路，深化供给侧改革，改变经济增长方式，真正地实现可持续发展模式。"十二五"规划中明确了我国要逐步建立碳排放交易市场，承担国际碳减排责任，实现绿色经济转型。

经济发展与环境保护的平衡问题引发了各国的广泛关注，降低碳排放量、发展低碳经济已成为各国刻不容缓的任务。而中国和美国作为发展中国家以及发达国家的两个最具代表性的典型国家，是世界上最大的两个温室气体排放国。研究和分析两国的博弈具有重大的价值和意义，如何促使两个国家在节能减排、环境保护、减排指标等重大问题上达成一致共识并引领倡导其他国家联合行动是关乎造福整个人类的重大课题。怎样使两个国家走出"各自为利"的困境，进而达成合作，并且引领其他国家积极配合与合作，不仅实现各国的共赢，同时实现整个人类的可持续发展是我们应该关注的关键问题。

29.4　案例使用说明

29.4.1　案例价值

（1）专业元素。气候问题的本质是利益的分配问题，有关碳排放权的利益分配引发了发展中国家与发达国家之间，以及发达国家内部的博弈。

（2）思政元素。加深学生对社会热点问题的理解，增强学生的社会责任感。

29.4.2　教学安排

（1）引入经典的碳排放案例，并通过讲述囚徒困境案例的特点，映射完全信息静态博弈的概念和特征。

完全信息博弈是指每一位参与者都拥有所有其他参与者的特征、策略及得益函数等方面的准确信息的博弈。分为完全信息动态博弈和完全信息静态博弈。完全信息静态博弈中各博弈方同时决策，且所有博弈方对博弈中的各种情况下的策略及其得益都是完全了解的。由于目前互联网迅速发展，碳排放的收益可被认为是已知的，即两者之间的博弈可以被看作是完全信息静态博弈。

"囚徒困境"是一种带有博弈性质的心理活动，体现了个人理性和集体理性、个人主义和道德主义的关系。行为主体面临选择的两难境地时，往往会趋向于考虑相对利己但是不利于集体最大利益的方式。虽然这种困境本身只是属于模型的性质，但现实中的价格竞争、环境保护等方面，也会频繁出现类似情况。例如，市场化条件下常见的关税战和广告战等，企业家在制定经营策略时更多的是衡量自身的损失最小化，而不是寻求合作以维护集体利益。针对这一困境，阿克塞尔罗德（Robert Axelrod）提出互惠策略以更好地整合个体资源，达到"1+1>2"的整体效益最大化的目标。囚徒困境（Prisoner's Dilemma）是博弈论的非零和博弈中具有代表性的例子，反映个人最佳选择并非团体最佳选择。或者说在一个群体中，个人做出理性选择却往往导致集体的非理性。囚徒困境的一般公式：$PD=T>R>P>S$，即囚徒困境博弈中任一方参与者的收益应符合"单方背叛>双方合作>双方背叛>单方合作"，表明个人最优策略并非团体最优策略。

在本案例中，我们假设博弈模型的各参与方均是理性，即各国均为理性人，都从自己的角度出发，去寻找使其利益最大化的策略，最终导致各国的策略都落在单方背叛，非合作点上。

（2）讨论囚徒困境博弈中两个参与人的策略选择，引出完全信息静态博弈的分析方法，以及纳什均衡的定义和思想。

纳什均衡指在博弈 $G\{S_1, \cdots, S_n: u_1, \cdots, u_n\}$ 中，如果由各个博弈方的各一个策略组成的某个策略组合 $(S_1^*, \cdots, S_n^*)$ 中，任一博弈方 i 的策略 S_i^* 都是对其余博弈方策略的组合 $(S_1^*, \cdots, S_{i-1}^*, S_{i+1}^*, \cdots, S_n^*)$ 的最优反应，即 $u_i(S_1^*, \cdots, S_{i-1}^*, S_i^*, S_{i+1}^*, \cdots, S_n^*) \geqslant u_i(S_1^*, \cdots, S_{i-1}^*, S_{ij}, S_{i+1}^*, \cdots, S_n^*)$，$\forall S_{ij} \in S_i$，称 $(S_1^*, \cdots, S_n^*)$ 为 G 的一个纳什均衡，即任何一方采取的策略都是对其余所有方采取策略组合下的最优反应。当其他人都不改变策略时，为了让自己的收益最大，任何一方都不会改变自己的策略，这个时候的策略组合就是一个纳什均衡。

中国政府在丹麦哥本哈根举行联合国气候变化会议前夕，公布了温室气体减排计划中国减排承诺：“到 2020 年我国单位国内生产总值二氧化碳排放要比 2005 年下降 40%～45%，非化石能源占一次能源消费的比重达到 15% 左右。”前任美国总统奥巴马在哥本哈根会议上提出美国的减排目标，是到 2020 年前较 2005 年的水平减排 17% 的温室气体，到 2050 年减排 80%。这一目标是根据当年美国参议院通过的《2009 年美国清洁能源与安全法案》（*Aerican Clean Energyand Security Act of 2009*，ACES 法案，或者简称 Waxan-arkey 法案）而宣布的。在其他影响条件既定时，两个国家不同的减排指标对各自的经济收益值有着直接的、明显的影响。

如表 29-1 所示，从收益集合 I 开始到收益集合 A，反映了中国和美国从不重视二氧化碳的排放量（单纯重视经济发展忽略对环境的污染和破坏）到都非常重视经济发展对环境污染的影响，从 A 到 I，如果有一个国家选择较小的减排指标，而另一个国家选择较大的减排指标，则选较小减排指标的国家会得到更多的经济利益，反之亦然。如果两国选择相同的减排指标，则对应表中的 A、D、I，两国获得利益相对均衡。此时，双方同时都有一个优势策略，则双方都会不约而同地选择优势策略，随着人类认知水平的提高，不量化减排不符合时代发展的要求，则收益集合 E、F、I、H、G 被排除。剩下 A、B、C、D，由于受到道德因素以及其他因素的影响，中国选择 40%～45%，而美国选择 17%，此时双方的收益集合在 B，根据上述分析 b1＜d1，b2＞d2，美国因为选择了较小的减排指标而获得了更多的额外收益，这时中国的经济发展会因为美国的策略选择而失去相应的经济收益。该博弈集合会因为条件不平衡而导致中国承受较大的损失，这会影响到中国在实施气候博弈的积极性，如果美国坚持选择较低的比例，那么在下次博弈的过程中，中国会以牙还牙惩罚他的对手。一旦两国在这个问题上不能达到均衡，双方就会选择各自的优势策略，此时博弈进入囚徒困境。

表 29-1　中美碳排放收益

中国 ＼ 美国	美国：减排（40%~45%）	美国：减排（17%）	美国：不量化减排
中国：减排（40%~45%）	A（a1, a2）	B（b1, b2）	E（e1, e2）
中国：减排（17%）	C（c1, c2）	D（d1, d2）	F（f1, f2）
中国：不量化减排	G（g1, g2）	H（h1, h2）	I（i1, i2）

（3）进一步讨论囚徒困境博弈中两个参与人不合作的根源，引导学生思考在生活中和观察到的社会现象中存在的囚徒困境问题，分析导致这些问题中参与人不合作的本质原因，提炼出合作的重要性。

讨论破解囚徒困境这类完全信息静态博弈中不合作的机制设计问题，归纳讲解应如何走出囚徒困境，设计合理的机制来实现，并映射到我国法律与制度规范的必要性及重要性，引导学生对我国现有制度与规范的理解，传递给学生公平、公正、和谐的价值观。

29.5　特色和创新点

（1）专业知识和思政教育契合。引入囚徒困境的经典博弈，通过对囚徒困境博弈的分析体现出合作与公平的机制设计理念。

（2）激发学生对走出囚徒困境和对合作的重要性的思考，将公平、公正、和谐的价值观融入博弈模型中，培养学生正确认识我国的各项法律与制度。

29.6　效果体现

（1）兼具趣味性和启发性的教学案例，使学生能形象深入地理解完全信息静态博弈。

（2）通过对知识点的学习和对案例的分析及拓展，学会以博弈论的基本原理和方法分析经济、管理、社会等领域的博弈问题，提高学生的专业素质和综合能力，使学生认识到现实博弈过程中不合作的根源，培养学生在生活中、学习中以及未来工作中合作的潜意识和有效方法。

（3）映射出的社会问题与价值观，培养学生通过博弈案例自我学习引导正确的价值观。通过解释走出囚徒困境的机制设计说明我国大政方针政策背后的科学逻辑，促使学生更加理解我国现实社会，提升学生为中华崛起而奋进的使命感，进行价值塑造。

30 以优质产品增强文化自信：
故宫博物院的文化产品创收之路

——政府与非营利组织会计课程思政教育教学案例

许 慎

30.1 课程的基本信息

30.1.1 课程简介

政府与非营利组织会计是会计学的重要组成部分，广泛应用于各级政府财政机关、行政单位、事业单位以及民间非营利组织中。其主要任务是为上述各单位进行会计核算，发挥会计的监督职能。政府与非营利组织会计与企业财务会计相对照，体现了各种类型会计之间的相互差异，有助于学生进一步把握会计处理的规律，提升对政府和非营利组织财政资金运动的认识，掌握财政资金运动的具体规律，提升财政资金管理能力。

30.1.2 课程内容

政府与非营利组织会计课程内容如图 30-1 所示。

30.1.3 课程目标

（1）知识目标。通过本课程的学习，学生能够熟悉和掌握会计基本理论和方法在非营利资金管理领域的应用，为未来从事政府部门、事业单位以及非营利组织的财务与会计工作打下扎实的专业基础。

（2）能力目标。本课程能培养学生编制行政事业单位预决算报表的能力，引导学生思考我国教育、医疗等公共事业单位的财务制度和收支结构；通过介绍政府部门、行政事业单位和非营利组织中的财务工作，引起学生对社会公益、公共事业的关注，激发学生履行社会责任的使命感和责任感。

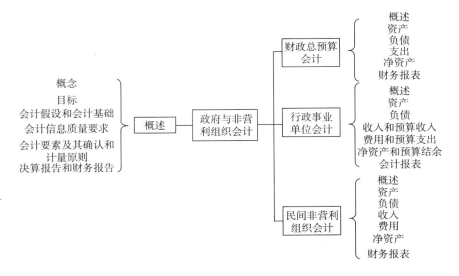

图 30-1　课程内容结构

（3）思政目标。课程在人才培养目标中的价值引领方面，体现出"立德树人""推进社会主义核心价值观教育""秉承客观公正、诚实守信、承担社会责任等积极向上的价值观"的育人思想，在课程教学中融入"课程思政"，以会计职业道德为基石，从社会责任与社会绩效出发，为课程思政提供丰富资料。政府及非营利组织会计人员不仅需要扎实的理论和实务水平，同时更加需要具有较高的职业道德水平，以积极、诚信和客观公正的职业态度对待政府会计与非营利组织会计的交易和事项。

30.1.4　授课对象

管理学院会计系本科生。

30.1.5　使用教材

赵建勇．政府与非营利组织会计（第四版）［M］．北京：中国人民大学出版社，2018.

30.1.6　课程课时

32 学时。

30.2 示例章节信息

30.2.1 教学章节

第十二章第一节：行政事业单位的收入。

30.2.2 教学内容

（1）课前预习。课前要求学生提前阅读教材对应的章节知识点，熟悉教材内容，了解知识结构。

（2）知识讲授。财政拨款收入、事业收入、上级补助收入、附属单位上缴收入、经营收入、非同级财政拨款收入、投资收益、捐赠收入、利息收入、租金收入和其他收入。

（3）引出案例。引出思政教育案例：以优质产品增强文化自信：故宫博物院的文化产品创收之路。

（4）课堂总结。对全部教学内容进行总结，布置课后作业。

30.2.3 教学目标

（1）知识目标。理解行政事业单位收入概念；理解和掌握不同类型的行政事业单位收入的含义和区分。

（2）能力目标。掌握不同类型的行政事业单位收入的会计处理。

（3）思政目标。案例引入故宫文创的优秀业绩，分析故宫文创产品的成功因素，可以从富强、爱国、敬业、诚信等角度培养学生社会主义核心价值观。把社会主义核心价值观融入对故宫经营活动的分析过程中以达成对学生的思政教育目标，如故宫文创的核心是利用丰富的历史文化遗产开发新时代符合人民需求的创意产品，文创产品被人们喜爱，体现着优秀文化遗产无论在任何时代都具有旺盛的生命力，具有文化价值转化为商业价值的巨大潜力，以故宫文创为案例，能让学生认识到中华文化是一颗历久弥新、熠熠生辉的瑰宝，有助于学生增强文化自信，从爱我们的文化层面到爱我们的国家层面，树立社会主义核心价值观，培育社会主义核心价值体系。

30.2.4 教学课时

2 学时。

30.3 案例介绍

以优质产品增强文化自信：故宫博物院的文化产品创收之路

文化事业单位的文创开发不仅是文化产业，更应理解为文化事业的组成部分。2015 年，国务院出台《博物馆条例》，明确了博物馆在不违背其非营利属性、不脱离其宗旨使命的前提下，可以开展经营性活动。同年，在政策支持与创作宣传的双重加持下，故宫文创作为当代人喜闻乐见的表达载体在互联网销售模式中高调"出圈"。传统文化与时代审美相结合的方式，满足了新时代人们的精神需求，同时也践行了"坚持文化自信就是要激发党和人民对中华优秀传统文化的历史自豪感"的价值理念。

2008 年，故宫文化创意中心成立，初现文创雏形。2015 年，故宫凭借文化IP，真正走向了创收之路。故宫文创的成功不仅是机遇、创作与运营使然，其特殊的身份也使其成为其他博物馆难以复刻的案例。博物馆隶属的事业单位可分为公益一类与公益二类两种类型，前者是全额拨款单位，不能或不宜由市场配置资源，所得收入悉数上缴；后者则是差额拨款单位，资源可在一定程度上通过市场配置。我国大多数博物馆属公益一类，而故宫博物院属公益二类。故宫博物院院长单霁翔在 2019 年的亚布力论坛中提到，故宫每年的支出费用中 54%来自国家财政供给，剩余 46%要靠自给自足，通过市场化运营实现商业盈利，以经济收益来弥补经费空缺。因此，故宫有了更强的内生动力去开发文创，通过自力更生谋得剩余经费。这一半市场运作的空间是大多数博物馆所没有的，也促使故宫文创成为其他博物馆难以复制的成功典范。

作为故宫的实际运营主体，北京故宫文化服务中心对外投资企业 13 家，其中带"文化"二字的就有 10 家，与文创相关的收入更是颇为乐观。故宫文创依托电商淘宝、天猫和京东三大平台，通过自营、合作经营和品牌授权等相结合的方式进行商业布局。故宫博物院旗下共有四家网络经营主体用于销售文创产品，如图 30-2 所示。其中，故宫文创天猫旗舰店由故宫全资子公司经营，销售收入均为故宫所有。故宫文化创意馆由故宫持股的合营子公司经营，销售收入部分为故宫所有。淘宝故宫与故宫商城则分别由故宫通过品牌授权的方式由其他公司经营，文创收入中仅品牌授权费用归故宫博物院所有。

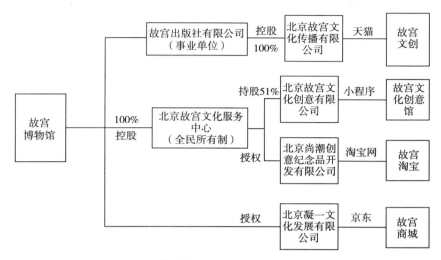

图30-2　故宫博物院旗下四家网络经营主体

故宫文创不仅爆火于线上平台，而且其线下的文化经营活动也进行得有声有色。从故宫博物院披露的决算表可知，2020年，故宫博物院经营收入总额达8400余万元，全部为其下博物馆在专业业务活动及辅助活动之外开展非独立核算经营活动取得的收入，如文创产品代销收入、商标授权收入等。2021年，经营收入达9500余万元，同比增长13.07%。种种迹象表明，文化创意产品和扎根于传承历史文化的展览活动恰好能满足新时代人们的消费升级和审美需求，故宫在以亲民、开放的姿态带领人们开启了文化之旅。

未来会有更多的市场化主体来参与运营故宫文创，故宫博物院作为事业单位，其高额的文创收入如何合理分配值得深思。公益性单位可以盈利，但盈利后的资金用途除少数激励外，大部分还是公益性用途。故宫博物院院长单霁翔曾公开表示："故宫是非营利机构，我们不能分红，所有销售利润也将用到故宫事业发展上。"例如，置办与更新设施，开展免费的教育与宣传活动、文物修复和文物保护等。故宫的文创收入取之于民，又还之于民，其长期的发展战略，也正逐步吸纳社会力量参与到文化项目中。

故宫文创是在政策支持下开展的经营活动，在不断寻找更合理合规的确认方法的同时，也需要提高故宫等其他事业单位信息披露质量。对事业单位资金运行过程披露得更为详尽，不断完善经营活动的财务数据内容，推动社会公众评价对财政资源的绩效监督，从而促使事业单位经营活动进入更好的良性循环。

30.4 案例使用说明

30.4.1 案例价值

（1）专业元素。行政事业单位收入的确认与计量。通过引导学生从行政事业单位不同类型的收入这一专业角度对案例进行分析，了解不同类型的行政事业单位收入来源，故宫作为事业单位性质博物馆，是国家差额拨款单位，运营资金54%来自国家拨款，46%来自自主创收，自主创收主要包括门票收入、文创等衍生品利润、品牌授权费用等。案例中设置两个思考题让学生共同探讨：一是文创收入如何确认和计量；二是文创给故宫带来巨额收入，它的成功因素有什么，对事业单位经营活动有何启示。

（2）思政元素。①坚定文化自信。通过讲解故宫文创对传统文化成功进行现代化改造、提升和发展的案例，让学生感受到故宫作为中华民族文化的重要载体和历史缩影，在我国历史文化遗产中具有不可替代的历史价值、艺术价值和科学价值。在全民坚守文化自信、民族意识觉醒的近几年，故宫文创恰到好处地切合了人们对传统文化的喜爱与期待，通过文化创意为观众架起一座沟通文化的桥梁。我们也要鼓励学生继承优秀传统文化，坚持创造性转化、创新性发展，进一步铸就中华文化新辉煌。②坚持社会主义核心价值观。案例引入故宫文创的优秀业绩，分析故宫文创产品的成功因素。我们把社会主义核心价值观融入分析过程以达成对学生的思政教育目标，如了解故宫文创收入最后的用途，"取之于民，用之于民"让传统文化焕发生机，探讨故宫文创辉煌业绩的背后展现的是创新创意、产品质量、社会宣传多等因素，而这些因素正体现了文化自信、民族自信、尊重历史、诚信经营等社会主义核心价值观的丰富内涵。

30.4.2 教学安排

（1）课前预习。课前要求学生提前阅读教材对应的章节知识点，熟悉教材内容，了解知识结构。课前预习要求学生通读教材，一方面增加对教材和知识的熟悉程度；另一方面对本章知识体系有所了解，熟悉行政事业单位收入的含义，了解行政事业单位收入的类型和会计处理，提高课上听讲的效率。

（2）知识讲授。财政拨款收入、事业收入、上级补助收入、附属单位上缴收入、经营收入、非同级财政拨款收入、投资收益、捐赠收入、利息收入、租金收入和其他收入。

（3）案例讨论。

1）引例：以优质产品增强文化自信：故宫博物院的文化产品创收之路。

2）针对案例中设置的两个思考题，引导学生进行课堂讨论和交流。

故宫文创收入如何确认和计量。从故宫博物院旗下四家网络经营主体上看（见图30-2），故宫文创并不由事业单位故宫博物院直接经营，而是由自营、合营和品牌授权等相结合的方式混合经营。随着市场业务模式的扩大，还会有更多的市场主体参与到故宫文创的经营活动中。我国博物馆的文创收入的确认与计量问题还未形成统一规范，文创收入是否需要根据不同的情况进行分类，例如，线下的文创收入确认、线上自营店铺的文创收入确认、线上合作店铺的文创收入确认等。

如今，会计学专业教育目标已不是培养记账师傅，而是培养具备分析、管理能力的高端人才。文创给故宫带来巨额收入，它的成功因素有什么，对事业单位经营活动有何启示？文创之所以能创收，其原因与公司在产品市场的竞争相似，故宫文创成功的背后，首先在于充分发掘优秀历史文化遗产的价值，产品有丰富的文化内涵，以历史文化为依托创造出极具差异化的产品，产品市场竞争力强。其次顺应时代需求，满足人们消费理念，诚信经营和良好品质等也是故宫文创不可或缺的成功要素。2015年，国务院出台了《博物馆条例》，明确了博物馆在不违背其非营利属性、不脱离其宗旨使命的前提下，可以开展经营性活动。故宫文创是在政策支持下开展的经营活动，在不断寻找更合理合规的确认方法的同时，也需要提高事业单位信息披露质量。对事业单位资金运行过程披露得更为详尽，不断完善财务数据内容，才会进一步推动社会公众评价对财政资源的绩效监督。

3）对案例总结归纳，并注意有机融合思政元素——文化自信、社会主义核心价值观和繁荣的社会主义文化。

我们在交流讨论中分析了故宫文创的成功因素，而这些因素都体现了社会主义核心价值观的丰富内涵。故宫文创是事业单位经营的一个样板，给事业单位开展经营活动带来诸多启示。以文化事业单位为例，人民群众是社会历史的主体，文化单位推出文化产品，应积极从人民群众的伟大实践和丰富多彩的生活中汲取营养，努力发掘饱含认同感和归属感的文化价值，回答"我们之所以成为我们"的问题，传播优秀历史文化，促进社会主义文化繁荣。这样我们的文化才能生生不息，文化自信才能坚定稳固，社会主义核心价值观才能贯彻落实。

（4）对全部教学内容进行总结，布置课后作业。

总结本课堂内容。同时，为了让学生学以致用，具有应用所学知识提出问题、分析问题、解决问题的能力，布置课后作业——阅读《壹基金年报的背后》

的案例，利用所学知识分析壹基金的收入情况前因后果。

30.5 特色和创新点

（1）结合生活。本案例《以优质产品增强文化自信：故宫博物院的文化产品创收之路》来源于生活，案例意义除了对本案例进行分析以外，更能培养学生勤于思考的习惯，对待生活中的事件、新闻能够积极运用所学知识进行分析，从日常生活中发现问题、解决问题，学以致用。

（2）工具创新。运用雨课堂等互动工具增强学生学习过程的趣味性及主动性。课堂通过信息技术手段，增加了老师和学生的互动，课上的 PPT 会即时发送到学生端，帮助学生保存课件及课程回顾；另外每页课件下方还有"收藏"和"不懂"按钮，学生可以把课程中不懂的知识点进行整理收集，教师也会收到匿名"不懂"数据的反馈，进而调整课程节奏及重点讲解。

（3）综合提升。案例分析采用小组讨论的模式，对学生个人及团队协作能力进行全方位的考察与锻炼。学生课堂讨论和交流时，规定讨论时间，如 20 分钟，在规定时间内要以小组为单位形成结论并以书面形式上传到课程群中，然后老师组织讲解点评。

（4）思政教育融入课程案例。学生期望的思政教育是具体的、实事求是的、从实践中来的，本案例以实际生活为例解释社会主义核心价值观的意义和繁荣的社会主义文化价值，避免了刻板教条，教育形式为学生喜闻乐见。

30.6 效果体现

（1）掌握专业知识。通过课堂知识讲授，学生理解行政事业单位收入概念，理解和掌握不同类型的行政事业单位收入的含义和区分，掌握不同类型的行政事业单位收入的会计处理。

（2）课堂氛围活跃。各学生小组有充足的时间进行案例讨论，课堂气氛热烈，发言积极。讨论结果表明，学生基本掌握了行政事业单位经营收入的内涵，并且收入分析条理清楚，逻辑明晰。

（3）增强文化自信。通过引例《以优质产品增强文化自信：故宫博物院的文化产品创收之路》，介绍了故宫文创充分发掘优秀历史文化的内涵，与时代同行积极创新，创造出辉煌的经营业绩，充分展示了中华文化磅礴的生机与活力，展现出无论在什么时代，优秀历史文化遗产都有重要的现实意义，有助于学生增强文化自信，树立社会主义核心价值观，培育社会主义核心价值体系。